Le Bled

600 dictées

Collège

Isabelle de LISLE

Agrégée de Lettres modernes

Professeur en collège

hachette
ÉDUCATION

Quelques conseils

• Pour progresser en orthographe, un **travail régulier** est nécessaire : en consacrant un quart d'heure trois ou quatre fois par semaine aux dictées, on améliore sa maîtrise de l'écrit.

• C'est en écrivant les mots (orthographe d'usage) qu'on les apprend : n'hésitez pas à **épeler les mots qui vous semblent difficiles**.

• L'orthographe grammaticale (les accords, par exemple) est liée au sens de la phrase. Assurez-vous que les phrases ou les textes dictés sont compris, que **celui qui écrit se représente bien ce qu'expriment les mots**.

Conception graphique
Couverture et intérieur : Médiamax

Illustrations intérieures : Dominique FAGES

Réalisation
Intérieur : Médiamax
Couverture : Mélissa CHALOT

ISBN 978-2-01-000411-7

Sommaire

Dictées 4e-3e

Avant-propos

L'exercice de la dictée est essentiel dans l'apprentissage de l'orthographe car il demande de mobiliser plusieurs règles à la fois. Pour éviter de mettre l'enfant en face de trop nombreuses difficultés, nous avons conçu un **recueil de dictées progressif**. Il assure la révision systématique des règles tout en développant les réflexes nécessaires à la bonne utilisation des connaissances.

■ Dans cette perspective, cet ouvrage comprend **deux parties** de **40 leçons** chacune :
– la **première partie**, davantage destinée aux **élèves de 6e et de 5e**, consolide les bases ;
– la **seconde partie**, tout en revoyant les règles déjà étudiées, aborde des points plus délicats et s'adresse plutôt aux **élèves de 4e et de 3e**.

Chacune des **80 leçons** est conçue de façon simple :
– la **difficulté** est brièvement étudiée, ainsi que les **moyens de la surmonter** ; les **exemples** permettent de mieux comprendre ce qu'il faut faire ;
– la règle est suivie de **cinq dictées de phrases** : les deux premières proposent une application simple de la leçon ; les trois dictées qui suivent sont progressivement complexes, pour mieux s'adapter au niveau de l'enfant.

■ Toutes les quatre leçons, une **double page bilan** propose **dix dictées de révision** : sur la page de gauche, les textes mettent l'accent sur les règles étudiées dans les quatre leçons qui précèdent ; les textes de la page de droite font appel aux connaissances acquises depuis le début du recueil. Pour faciliter le choix des dictées, les règles concernées sont clairement indiquées.

■ Pour chaque **bilan**, un **fichier audio** d'une **dictée de révision** des règles est **téléchargeable** gratuitement sur www.bled.hachette-education.com. Cette dictée est repérée dans le recueil par le symbole .

■ Les 80 leçons sont suivies de **30 dictées** données au **brevet du collège** et de **tableaux de conjugaison** mettant en avant les difficultés orthographiques propres aux verbes.

■ Les **400 dictées de phrases des leçons**, les **200 textes des bilans** et les **30 dictées du brevet** vous permettront, **grâce à leur progressivité**, de choisir les exercices adaptés au niveau de votre enfant et aux progrès qu'il doit accomplir.

Nous espérons vraiment que ce recueil sera pour lui un outil souple qui le fera progresser, lui donnant les moyens et l'envie de s'exprimer à l'écrit.

L'auteur

DICTÉES 6e-5e

1 LE PRÉSENT DE L'INDICATIF DES VERBES DES 1er ET 2e GROUPES

• Les **verbes du 1er groupe** sont en ***-er*** sauf *aller* et les **verbes du 2e groupe** sont en ***-ir*** + -issons (1re pers. du pluriel).

• Au **présent de l'indicatif**, tous les **verbes du 1er groupe** ont les mêmes terminaisons : -e, -es, -e, -ons, -ez, -ent.

• Au **présent de l'indicatif**, tous les **verbes du 2e groupe** ont les mêmes terminaisons : -is, -is, -it, -issons, -issez, -issent.

• Attention aux lettres muettes au singulier !
parler (1er groupe) : tu parles ; **jouer** (1er groupe) : je joue, tu joues, il joue ; **finir** (2e groupe) : je finis, tu finis, il finit

Dictée de phrases 1 *

a) Je dessine un arbre, puis je te le montre.
b) Ma mère gare la voiture et nous retrouve.
c) Vous visitez un château très ancien.

Dictée de phrases 2 *

a) Sophie réussit toujours les contrôles de maths !
b) Le boulanger de notre rue fournit le collège.
c) Tu finis ton exercice d'anglais, puis tu choisis un DVD.
d) Le professeur de maths définit le triangle rectangle.

Dictée de phrases 3 **

a) Tu remplis les conditions pour faire partie de notre club.
b) Le cerisier fleurit au printemps et nous le trouvons très beau.
c) Tu multiplies cinq par quatre et cela donne vingt.
d) Alix et Sonia arrivent bientôt ; nous surveillons l'heure.
e) Le vent secoue les branches et les cerises tombent !

Dictée de phrases 4 **

a) Nous finissons le gâteau et entamons la glace.
b) Ma sœur se marie le mois prochain et nous réunit tous.
c) Tu avertis tes amis que je ne les oublie pas.
d) Tu vérifies en partant que la lumière est éteinte.
e) Mon poisson rouge ne m'obéit pas du tout ; il ne me regarde même pas !

Dictée de phrases 5 ***

a) Le promeneur gravit la colline pour profiter de la vue.
b) Léa saisit son crayon vert et colorie sa carte de géographie.
c) Je parie que tu réussis ton contrôle d'histoire.
d) Le professeur prie l'élève de lui apporter son carnet de liaison.
e) Je m'habitue bien au collège et j'apprécie mes nouveaux camarades.
f) Les ouvriers démolissent les maisons qui se trouvent sur le trajet de l'autoroute.

LES ACCORDS DANS LE GROUPE NOMINAL

2

• À l'intérieur du groupe nominal, le **déterminant** et l'**adjectif qualificatif** s'accordent **en genre** et **en nombre** avec le nom auquel ils se rapportent.

• Le plus souvent, le nom et l'adjectif qualificatif prennent un **-s au pluriel** ; l'adjectif qualificatif prend un **-e au féminin**.
un conte étonnant, une histoire étonnante, des contes étonnants

• Le **complément du nom** ne s'accorde pas avec le nom qu'il complète.
un roman **d'amour**, des romans **d'amour**

• En l'absence de déterminant, il faut se demander si le nom est singulier ou pluriel : un mur **en béton** (*fabriqué avec du béton*), un mur **en pierres** (*construit avec plusieurs pierres*).

Dictée de phrases 1 *

a) Ton chien laisse des poils partout !
b) Vous adoptez une attitude courageuse et je vous félicite.
c) Nous aimons les fruits et les légumes.

Dictée de phrases 2 *

a) Le professeur félicite les élèves attentifs.
b) J'aime beaucoup les films policiers.
c) Il vous faut deux poires pour chaque tartelette.
d) Le professeur demande des explications précises.

Dictée de phrases 3 **

a) Aimes-tu ma nouvelle paire de chaussures ?
b) Je commence une collection de timbres.
c) J'ai besoin d'une boîte à outils et de quelques clous.
d) Une troupe de comédiens donne un spectacle au collège aujourd'hui.
e) Je vous propose des tranches de jambon et une assiette de frites.

Dictée de phrases 4 **

a) Je rapporte du marché une caisse de fruits.
b) Le mur en briques menace de tomber.
c) Le château de sable ne résiste pas à la marée.
d) Que cherches-tu dans ma boîte à crayons ?
e) Si cela vous tente, je vous prépare une tarte aux framboises.

Dictée de phrases 5 ***

a) Cette mosaïque de coquillages est très étonnante.
b) Je n'ose pas laver ces magnifiques verres en cristal !
c) Pour tricoter ce pull, vous avez besoin de huit pelotes de laine.
d) Il vaut mieux utiliser des ampoules électriques à basse tension.
e) Nous nous sommes assis dans de profonds fauteuils en cuir noir.
f) Je dépose sur la table le sac et le panier remplis de champignons.

3 A/AS/À ; EST/ES/ET

• Il ne faut pas confondre **a**, verbe *avoir* au présent, et la préposition **à**. On peut remplacer **a** par ***avait***.
Il a (*avait*) remporté le tournoi ! – Tu as (*avais*) raison. – Nous habitons à Marseille.

• Il ne faut pas confondre **est**, verbe *être* au présent, et la conjonction de coordination **et**. On peut remplacer **est** par ***était***.
Elle est (*était*) d'accord. – Tu es (*étais*) en avance ! – Veux-tu deux croissants et deux brioches ?

Dictée de phrases *

a) Émilie a réussi à prendre son bus.
b) Nicolas va à la gare ; le train arrive à dix heures.
c) Il y a un exercice de maths à faire pour demain.

Dictée de phrases 2 *

a) Le frère de Théo est champion de judo.
b) Demain, j'invite Natacha et Morgane.
c) Luc est un bon lecteur et un grand sportif.
d) Ton poème est amusant et original.

Dictée de phrases 3 **

a) Le chien a fini les croquettes et les biscuits en cinq minutes.
b) Marine oublie souvent sa brosse à cheveux à la piscine.
c) Pierre est au cinéma et il rentre à six heures.
d) La maison de mon grand-père est à vendre.
e) On a dit à mon frère que le concert a bien lieu aujourd'hui.

Dictée de phrases 4 **

a) Mon petit frère a mangé de la pâte à modeler !
b) Es-tu d'accord pour venir avec nous ?
c) Michaël a deux ans de moins que Vincent ; pourtant il est plus grand.
d) Adam est bien décidé à poursuivre les entraînements de foot.
e) Tu as rangé ta chambre et tu as retrouvé ton stylo.
f) Le cuisinier a prêté à Lucas son grand moule à tarte.

Dictée de phrases 5 ***

a) Jules joue du violon, de la guitare et de la flûte à bec.
b) Marc a déjeuné à la cantine et ensuite il est rentré chez lui.
c) Je vois que tu as très faim et que tu regardes du côté de la cuisine.
d) Mona est volontaire pour faire une promenade sur la plage et sur le port.
e) François a voulu sauter les marches à pieds joints et il est tombé.
f) Es-tu prêt à nous accompagner à la piscine et as-tu ton maillot de bain ?
g) Tu t'épuises à trop vouloir bien faire ; pourtant tu as raison d'être perfectionniste.

MAJUSCULE OU MINUSCULE

4

• On met une **majuscule après** un **point**, un **point d'interrogation**, un **point d'exclamation** ou des **points de suspension**, mais pas après un point-virgule.
Quelle journée ! Un vaisseau a atterri ; un extraterrestre a débarqué.

• On ne met pas de majuscule au début d'une incise narrative dans le dialogue.
– Où nous sommes-nous posés ? **a**-t-il demandé.

• Les **noms propres** commencent par une **majuscule**.

• Le nom qui désigne les **habitants** d'un pays ou d'une ville prend une **majuscule**, mais quand ce nom désigne la langue parlée, il n'en prend pas. L'adjectif qualificatif correspondant ne prend pas de majuscule.
Les Espagnols sont nos voisins. – Je parle **e**spagnol. – C'est une ville **e**spagnole.

Dictée de phrases 1 *

a) Je prendrai le bus ; je ne veux pas être en retard.
b) Le panda est un animal protégé ; il vit dans les montagnes.
c) Victor Hugo est un écrivain français ; il est célèbre dans le monde entier.

Dictée de phrases 2 *

a) – L'Inde est un grand pays d'Asie, explique Nadine.
b) – Moscou est la capitale de la Russie, affirme Natacha.
c) – Les Finlandais connaissent un hiver très long ! lance Théo.
d) – Qui connaît le chien de Pierre ? demande Yassine.

Dictée de phrases 3 **

a) Nicolas est au restaurant avec des amis italiens.
b) James habite à Paris mais il reste irlandais dans l'âme.
c) La capitale de l'Espagne est Madrid ; celle du Portugal est Lisbonne.
d) Mes cousins ont habité un an au Japon mais ils ne parlent pas japonais.
e) – Avez-vous votre billet ? demande le contrôleur au voyageur.

Dictée de phrases 4 **

a) Le château de Vincennes est très ancien ; il a été construit au Moyen Âge.
b) Il ne parle pas allemand et n'est jamais allé en Allemagne.
c) – Ton déguisement est vraiment original ! admire Lisa.
d) Les raviolis sont une spécialité italienne, mais les Français en mangent aussi.
e) Les nouilles chinoises sont différentes des pâtes italiennes.

Dictée de phrases 5 ***

a) Je révise mes leçons d'anglais car je pars demain à Londres.
b) – Qui a pris mon livre d'allemand ? interroge Matthieu.
c) Nous avons passé de merveilleuses vacances dans une petite île grecque.
d) Les Français sont surpris par les habitudes alimentaires des Anglais.
e) – Pourquoi fais-tu cet exercice sans savoir ta leçon ? demande le professeur.
f) L'écriture chinoise est difficile à apprendre car les caractères sont nombreux.

Dictées de révision des règles 1 à 4

L'orthographe des mots ou noms propres signalés par un astérisque est à indiquer.

Dictée 1 Révision des leçons 1 et 2

Le mercredi, je finis mes cours à midi puis je déjeune avec trois de mes amis. Nous participons l'après-midi aux activités de l'AS du collège. Je vérifie sur le panneau d'affichage le programme de la semaine et nous installons le matériel : les tapis, les tremplins, un sac de ballons. Les professeurs nous donnent les explications nécessaires. Le plus souvent, je joue au foot ou au handball.

Dictée 2 Révision des leçons 1 et 2

Quand maman m'annonce que mes trois cousins italiens dînent à la maison, je bondis et me précipite dans le jardin. Je cherche mon ballon ; impossible de le retrouver ; je frémis à l'idée de l'avoir perdu. Maman m'avertit que je dois finir mes devoirs. Je la **supplie** : il faut que je retrouve mon ballon car nous rejouons à quatre le match France-Italie de la semaine dernière. Elle accepte et je la **remercie** en lui promettant un 18 au contrôle d'anglais.

Ne pas oublier le **-e** de la terminaison pour les **verbes en *-ier*** : je supplie, je remercie, il oublie, il vérifie.

Dictée 3 Révision des leçons 2 et 3

Le petit cochon raisonnable du **conte** bâtit une maison solide car il **compte** tenir tête au loup. Il cherche sa boîte à outils. Il décide de construire sa maison en pierres. Il travaille avec énergie et ne regarde pas à l'heure qui tourne. À la fin, il est satisfait et contemple sa maison avec joie. Le hurlement du loup retentit ; le petit cochon se réfugie à l'intérieur et se réjouit de son génie ! Mais il oublie de fermer la porte à clé... À vous d'imaginer la suite...

Ne pas confondre : un **conte** de fées, monsieur le **Comte** et le verbe **compter**.

Dictée 4 Révision des leçons 2 et 4

– Est-ce que tu peux me prêter ta boîte de feutres pour colorier mes cartes de géographie ? demande Fabien à son frère.
– J'ai de très beaux crayons de couleur bien taillés, propose Nicolas. Je te les **prête**, mais tu me les **rapportes** tout de suite après.
– C'est promis. Mes cartes de l'Europe seront superbes ! remercie Fabien.

Pour le présent du 1er groupe, le **-s** indique une **deuxième personne** : **tu** me les rapportes (*sujet :* **tu**), **je** te les prête (*sujet :* **je**).

Dictée 5 Révision des leçons 3 et 4 **Piste 1**

Le collège organise chaque année un échange avec une école anglaise. Nous séjournons une semaine près de Londres et nos correspondants habitent chez nous ensuite. Nous les emmenons à la piscine ; tous aiment découvrir le ski et le patin à glace. Les Anglais ne connaissent, en général, pas bien la montagne. Ils apprécient le grand air et les paysages. Ils progressent aussi en français. À notre tour, nous améliorons notre anglais en découvrant la capitale du Royaume-Uni.

Dictées de révision des règles 1 à 4

Dictée 6 Révision des leçons 1, 2 et 4

Mon petit frère a décroché le téléphone.
– Qui joue au ballon dans l'appartement ? s'écrie M. Durant au téléphone. Tu es tout seul chez toi ? continue le voisin. Tu n'as pas des frères qui jouent au ballon dans le salon ?
– Si, ils jouent au foot avec des copains.
Mon petit frère a à peine répondu que la clé tourne dans la serrure. Ma mère entre et nous découvre dans le salon en désordre. Le ballon plein de terre est sur le canapé.

Dictée 7 Révision des leçons 1 à 3

Stéphane **travaille** pendant l'été ; il est facteur et distribue le courrier. Il **trie** d'abord toutes les lettres. Il organise ensuite sa tournée et choisit son itinéraire. Il vérifie les adresses et classe les lettres. Quand le **tri** est achevé, il fixe son sac sur son vélo et quitte la poste. Il réserve le quartier de la colline pour la fin de son parcours quand le sac sera moins lourd. Certains chiens de garde lui font peur et alors il dépose vite les lettres et les petits colis.

Ne pas confondre le verbe du 1er groupe et le nom de la même famille : je tri**e**/un tri ; je travail**le**/un travai**l** ; j'oubli**e**/un oubl**i** ; je me réveil**le**/un révei**l**.

Dictée 8 Révision des leçons 1, 3 et 4

– Tu as envie d'apprendre la planche à voile ? demande Pierre à son cousin mexicain.
– Oui ! s'écrie Tom. Tu as **décidé** de **m'aider** ?
– Je te conseille plutôt de prendre des leçons car je ne parle pas assez bien espagnol pour te **donner** des explications claires.
– Je ne vais pas repartir au Mexique ! Tu n'as qu'à **m'expliquer** en français, et si je ne comprends pas, je tombe à l'eau ! Tant pis pour moi !

Le verbe se termine par **-é** (**-ée**, **-és**, **-ées**) si on peut le remplacer par ***pris*** et par **-er** si on peut le remplacer par ***prendre*** (voir leçon 14).

Dictée 9 Révision des leçons 1 à 4

La musique adoucit les mœurs... J'écoute de vieilles berceuses allemandes au piano et je glisse doucement dans le sommeil. Mais j'aime surtout les guitares électriques et, quand je pousse les basses à fond, j'envie Robinson sur son île déserte : il ne gêne pas les voisins ! Cela ne dure pas longtemps car maman frappe à ma porte et crie : « Tu es fou ! Ta musique déplaît à tout le monde ! »

Dictée 10 Révision des leçons 1 à 4

Gilgamesh* est un roi légendaire de Mésopotamie*. Les légendes sumériennes racontent, déjà deux mille ans avant notre ère, ses aventures extraordinaires. Le héros et son ami Enkidu* viennent à bout d'un géant et d'un terrible taureau céleste, puis Gilgamesh plonge dans le désespoir à la mort de son fidèle ami et part à la recherche de l'immortalité. Son voyage au bout du monde ne lui apporte pas la vie éternelle mais donne un sens à son existence.

5 LE PRÉSENT DE L'INDICATIF DES VERBES DU 3e GROUPE

• Les **verbes du 3e groupe** au présent de l'indicatif se conjuguent selon quatre modèles : ① -s, -s, -t, -ons, -ez, -ent ② -ds, -ds, -d, -ons, -ez, -ent ③ -x, -x, -t, -ons, -ez, -ent ④ -e, -es, -e, -ons, -ez, -ent
je viens, il vient ; je prends, il prend ; je veux, il veut ; je cueille, il cueille

• La majorité des verbes suivent le modèle ① : je viens, je pars, je cours, je dis.

• Seuls les verbes en ***-dre*** (voir leçon 49) suivent le modèle ② : je réponds.

• Seuls ***vouloir***, ***pouvoir*** et ***valoir*** suivent le modèle ③ : je veux, je peux, je vaux.

• Peu de verbes suivent le modèle ④ : j'ouvre, j'offre, je souffre, je découvre.

Dictée de phrases 1 *

a) Je viens te voir demain soir.
b) Je crois que tu dors à la maison cette semaine.
c) Je ne fais pas la vaisselle aujourd'hui.

Dictée de phrases 2 *

a) Je prends encore un gâteau dans la boîte.
b) Tu réponds aux questions de géographie.
c) Vincent descend l'escalier sur la rampe !
d) Au fond de la classe, je n'entends pas bien le professeur.

Dictée de phrases 3 **

a) Je peux venir te voir quand tu veux.
b) J'offre des fleurs à ma grand-mère pour sa fête.
c) Caroline écrit une carte postale à sa tante.
d) Le jardinier prend une échelle et cueille les cerises.
e) Vous devez apprendre vos leçons par cœur.

Dictée de phrases 4 **

a) Au club, nous construisons une maquette d'avion.
b) Veux-tu un autre biscuit au chocolat ?
c) Je prends mon temps pour faire mes exercices.
d) Je t'interdis absolument de lire mon journal avant moi !
e) Cela fait dix minutes que je t'attends ; tu dois apprendre la ponctualité !
f) Tes camarades disent n'importe quoi ! Ils ne savent rien !

Dictée de phrases 5 ***

a) Je vous défends de prendre les rollers qui m'appartiennent.
b) L'autruche court très vite quand elle sent le danger.
c) Qui peut me donner un coup de main pour déplacer cette armoire ?
d) Quand on ment, personne ne vous croit et ne vous fait confiance.
e) La poule de la fable pond un œuf en or chaque matin.
f) Dès que je vois Charles, je lui dis que tu veux lui parler.
g) Le chat ne sort pas sous la pluie ; il se tient bien au chaud à l'intérieur.

LE PLURIEL DES NOMS EN *-AU, -EAU, -EU* ET *-AL*

6

- Les **noms** terminés par ***-au***, ***-eau*** et ***-eu*** prennent un -x au pluriel.
des noyaux, des bateaux, des jeux
Exceptions : des landaus, des pneus, des bleus, des lieus (*poissons*).
- Les **noms** terminés par ***-al*** ont leur pluriel en -aux.
un journal → **des** journaux ; un animal → **des** animaux ; un rival → **des** rivaux
Exceptions : des bals, des carnavals, des chacals, des festivals, des récitals, des régals.
- Les **adjectifs qualificatifs** en ***-au***, ***-eau*** et ***-al*** obéissent à la même règle.
un beau vélo → **des** beaux vélos ; un festin royal → **des** festins royaux

Dictée de phrases 1 *

a) Les bateaux attendent sur la ligne de départ.
b) Nous avons plusieurs jeux de cartes à la maison.
c) Les neveux de notre voisin hurlent sur le balcon.

Dictée de phrases 2 *

a) Je recherche des journaux sur notre collège.
b) Des groupes rivaux veulent le terrain de sport.
c) L'hôtel n'accepte pas les animaux de compagnie.
d) Nous admirons la rapidité des chevaux de course.

Dictée de phrases 3 **

a) Tirez les rideaux car le film va commencer.
b) Tous nos vœux pour la nouvelle année !
c) Dans le jardin, les landaus restent à l'ombre des arbres.
d) Le garagiste dit que mes pneus sont usés.
e) L'hiver, les oiseaux s'envolent vers des cieux nouveaux.

Dictée de phrases 4 **

a) En été, les festivals de musique et de théâtre sont nombreux.
b) À Venise, les bateaux sont amarrés à des pieux.
c) Je lis des journaux dans la salle d'attente du médecin.
d) Je suis tombé et j'ai plusieurs bleus sur les jambes.
e) Des moineaux amicaux viennent manger nos miettes de pain.
f) Le Prince Charmant assiste à de nombreux bals.

Dictée de phrases 5 ***

a) Je commande du tissu pour remplacer nos vieux rideaux bleus.
b) Les comportements brutaux sont dangereux et inacceptables.
c) Dans les pays tropicaux, les poissons et les oiseaux ont de belles couleurs.
d) Les lionceaux sont les petits du lion et les souriceaux ceux de la souris.
e) À Londres, nous avons vu les merveilleux joyaux de la Couronne.
f) En vacances, les jeux de société sont réservés aux jours pluvieux.

7 CES/SES

Il ne faut pas confondre le déterminant démonstratif **ces** et le déterminant possessif **ses**. Tous deux accompagnent un nom.

- **Ces** montre ce qui est représenté par le nom.

Ces fruits ne sont pas assez mûrs. – Je voudrais essayer **ces** chaussures-là.

- **Ses** exprime une possession ou une proximité.

Pierre a oublié **ses** (*possession*) affaires de sport. – Je connais Noémie mais pas **ses** (*proximité*) amis.

Dictée de phrases 1 *

a) Je trouve ces montagnes superbes !
b) J'aime bien Marc et ses camarades.
c) Julien emporte ses rollers mais pas ses protections.

Dictée de phrases 2 *

a) Je n'aime pas ces histoires ; elles me font peur.
b) Ces magasins me semblent trop grands ! Je ne trouve rien.
c) J'invite Antoine et ses cousins pour mon anniversaire.
d) Noémie range avec soin ses classeurs et ses livres.

Dictée de phrases 3 **

a) Mon voisin n'aime pas changer ses habitudes.
b) Ces livres-là nous plaisent car les personnages nous ressemblent.
c) Hercule est un héros et nous connaissons ses exploits.
d) Il a fait beau ces derniers jours et nous avons joué dans le jardin.
e) Je vous conseille ces chocolats-ci ; vous les trouverez délicieux.

Dictée de phrases 4 **

a) À qui appartiennent ces deux stylos rouges ?
b) Ces routes sinueuses sont très dangereuses.
c) Natacha a sali ses chaussures sur ces chemins boueux.
d) Ces exercices-là ne sont pas difficiles ; tu sais les faire.
e) L'orage n'est pas loin : ces nuages paraissent bien sombres !
f) Henri a son ballon et ses chaussures de sport dans son sac.
g) Luc se trompe dans ses opérations car il ne connaît pas bien ses tables.

Dictée de phrases 5 ***

a) Ces musiciens sont excellents ! Je les écoute avec joie.
b) Le chef d'orchestre a remercié ses musiciens.
c) Charles semble soulagé et un sourire apparaît sur ses lèvres.
d) Victor a perdu ses gants en laine et acheté ces gants-ci.
e) Le vendeur dit que ces avantages-là sont réservés à ses fidèles clients.
f) Ces légendes me rappellent Ulysse et ses aventures.
g) Ces voitures roulent beaucoup trop rapidement sur ces chaussées glissantes.

8 C'EST/S'EST ; C'ÉTAIT/S'ÉTAIT

• Il ne faut pas confondre le présentatif **c'est** et **s'est** placé devant le participe passé d'un verbe pronominal. **C'est** peut être remplacé par ***cela est*** ; **s'est** peut être **conjugué** à d'autres personnes.
C'est (*cela est*) un vrai conte de fées ! – Il **s'est** blessé (*je me suis blessé*).

• De même, il ne faut pas confondre **c'était** et **s'était**.
C'était (*cela était*) un vrai conte des fées ! – Il **s'était** blessé (*je m'étais blessé*).

• On peut aussi rencontrer **c'étaient** et **s'étaient**.
C'étaient (*ce sont*) des ours ! – Les amis **s'étaient** retrouvés avec joie.

• Ne pas confondre avec le verbe *savoir* : je **sais**, tu **sais**, il **sait**.

Dictée de phrases 1 *

a) Le crocodile s'est échappé de sa cage.
b) Nicolas s'est coupé avec son couteau.
c) C'est Léo qui fait un exposé aujourd'hui.

Dictée de phrases 2 *

a) C'était une belle journée de printemps.
b) Julien s'était blessé en jouant avec son compas.
c) C'était une bonne idée de venir avec une guitare.
d) Mon frère s'était porté volontaire.

Dictée de phrases 3 **

a) Vous pouvez entrer ! C'est ouvert !
b) Un vaisseau spatial s'est posé dans le champ.
c) C'est un chien dressé pour guider les aveugles.
d) Le muguet s'était fané très vite ; c'était la chaleur.
e) Thomas s'est jeté sans hésiter du haut du grand plongeoir.

Dictée de phrases 4 **

a) Arthur s'est promené sur la plage avec nous hier matin.
b) Je ne sais pas si c'est une bonne idée.
c) Que s'est-il passé aujourd'hui dans la cour de récréation ?
d) C'était vrai : mon père s'était lancé dans l'exploration de Mars.
e) Qu'est-ce que c'est que cette curieuse machine ?
f) C'est en jouant au foot sur un terrain gelé qu'il s'est foulé la cheville.

Dictée de phrases 5 ***

a) « C'est en forgeant qu'on devient forgeron », dit le proverbe.
b) Pourquoi Raphaël s'est-il vanté d'avoir eu 20 en histoire ?
c) C'était l'hiver et la neige s'était mise à tomber en abondance.
d) C'est bien simple : il s'est encore fait prendre sa place !
e) Ils avaient de grandes oreilles : c'étaient des éléphants d'Afrique.
f) Les élèves qui s'étaient servis de mon ballon devaient me le rendre.

Dictées de révision des règles 5 à 8

L'orthographe des mots ou noms propres signalés par un astérisque est à indiquer.

Dictée 1 Révision des leçons 5 et 6

Le peintre se tient **près** de la fontaine. Les pinceaux et les tubes de couleur sont **prêts**. De sa place, il voit tout un paysage animé. Deux landaus passent et les mamans échangent un sourire ; le marchand de journaux discute avec un client ; le garagiste charge des pneus dans son camion ; un petit garçon et son père sortent du magasin de chaussures ; ils semblent très heureux et l'enfant tient deux ballons bleus. Un jeune homme lit une affiche qui présente les prochains bals de la saison.

Ne pas confondre **près** (*à côté*) et **prêt** : Il est **près** de la fontaine. – Il est **prêt** à commencer.

Dictée 2 Révision des leçons 7 et 8

Ces derniers jours ont été bien sombres pour Nino. Il a oublié ses affaires de sport pour la troisième fois et il s'est fait punir. C'est lui qui est responsable des cahiers de la classe et il ne les retrouve pas ! Comme il n'écrit pas clairement ses devoirs sur son agenda, il ne sait pas sa leçon d'histoire et a une mauvaise note. Le professeur vient d'écrire un mot à ses parents. Il s'est, en plus, pincé un doigt dans une porte et c'est très douloureux. Espérons que tout ira mieux la semaine prochaine !

Dictée 3 Révision des leçons 5 et 8

C'est aujourd'hui qu'a lieu la remise des prix du concours d'écriture. Les élèves, présents dans le gymnase, attendent avec impatience la proclamation des résultats. Le principal s'est avancé lentement sur l'estrade et s'est éclairci la **voix**. « C'est avec émotion que je donne le nom du gagnant », dit-il. Il prend le papier que le CPE lui tend et lit : « Le prix du meilleur auteur revient à Hugo Victor ! Nous pouvons l'applaudir ! »

Ne pas confondre la **voix** qui se fait entendre et la **voie** qui signifie *chemin* : une voie ferrée, une voie sans issue.

Dictée 4 Révision des leçons 6 et 7

Le long des ruisseaux, les arbrisseaux sont couchés par le vent, les roseaux plient ; ces végétaux résistent bien aux tempêtes. Le chêne, lui, reste droit ; ses branches craquent et le vent semble redoubler de force. Dans les hameaux, les habitants regardent par la fenêtre ces terribles luttes de la nature. Ils ont peur ; les toitures et les portails sont-ils solides ? Doit-on craindre les cours d'eau et les canaux ?

Dictée 5 Révision des leçons 5 à 8 Piste 2

Léa est chez le coiffeur ; ses cheveux sont très longs et elle veut les couper. Son amie Louise lui conseille un carré dégradé, mais Loïc soutient que c'est une mauvaise idée. Léa se tient droite dans le fauteuil et elle ne sait pas encore que dire au coiffeur qui s'est déjà emparé de ses ciseaux. Léa prend sa respiration et demande un carré dégradé... mais pas trop court. « C'est possible, répond le coiffeur ; je coupe au niveau des épaules et, devant, je laisse **ces** mèches-**là** de chaque côté. »

Les **déterminants démonstratifs** sont parfois **composés** : **ce** coiffeur-**ci**, **ces** mèches-**là**.

Dictées de révision des règles 1 à 8

Dictée 6 Révision des leçons 2, 5, 7 et 8

La fourmi de la fable de Jean de La Fontaine* est prête pour l'hiver. Elle a mis de côté des provisions : des graines, quatre grands pots de miel, cinq rôtis de bœuf. Assise au coin du feu, elle entend la bise. C'est le vent d'hiver qui s'est levé et on attend bientôt la neige. Elle met comme d'habitude ses deux cuillerées à café de sucre en poudre dans son thé et s'endort en attendant qu'il refroidisse. Trois petits coups de sonnette à la porte la **réveillent** en sursaut. C'est la cigale, sa voisine.

Le verbe est parfois éloigné du sujet avec lequel il s'accorde : Trois petits coups de sonnette à la porte la réveille**nt**. *(Qu'est-ce qui la réveille ? Les trois petits coups.)*

Dictée 7 Révision des leçons 3 et 5 à 7

La cigale de la fable n'a rien prévu pour l'hiver ; elle a chanté dans tous les bals, dans tous les festivals, sur les plages, à la montagne et à la campagne... Son réfrigérateur est vide, ses placards aussi. Pas un seul petit morceau de mouche ! Et les vermisseaux ne sont pas non plus dans ses bocaux ! Elle se souvient de sa voisine la fourmi qui n'est pas aimable et ne chante pas mais qui met ses provisions de côté. Elle veut échanger une jolie petite chanson à sa façon contre un beau rôti de mouton. Sa guitare et ses partitions à la main, la voilà qui sonne trois petits coups chez sa voisine.

Dictée 8 Révision des leçons 3 à 5 et 8

La Cigale et la Fourmi est la première fable de Jean de La Fontaine*. Le célèbre fabuliste s'est inspiré d'Ésope*, un Grec de l'Antiquité. La Fontaine reprend l'histoire de la cigale imprévoyante et la réécrit à sa manière. **Cet** animal qui chante et profite du moment présent lui ressemble beaucoup. Sous sa plume, la fourmi économe devient désagréable et personne ne veut l'imiter. La cigale oublie de prévoir l'hiver ; la fourmi, elle, oublie d'être aimable. Que signifie finalement cette fable ? C'est à vous de choisir...

On écrit **cette** au **féminin** et **cet** devant un nom **masculin** qui commence par une voyelle : **cet** animal, **cette** fourmi.

Dictée 9 Révision des leçons 1, 2, 7 et 8

C'est décidé : nous fondons un club de jeunes détectives privés. Jules s'est proposé pour définir les différentes techniques de filature et Sophia nous a montré ses films policiers.

– Ces héros sont très forts, s'est exclamé Guillaume, mais nous n'avons aucune énigme à résoudre pour l'instant !

– C'est vrai ! Passons une annonce dans le journal !

Dictée 10 Révision des leçons 2, 3, 5 et 6

Tandis que j'écris, ici, devant la porte condamnée, j'entends, dans la pièce en bas, que l'on passe et repasse, sans discrétion, et que l'on transporte des poids terriblement lourds. Ce sont, bien entendu, les caisses remplies de terre. J'entends aussi un fracas de marteaux – la caisse que l'on cloue. Puis les lourds pas s'éloignent dans le hall d'entrée, suivis d'autres, plus légers.

La porte se ferme. Les chaînes grincent. La clé gémit dans la serrure.

Bram Stoker, *Dracula*, traduction de Jacques Finné, © Éditions du Masque.

9 LE FUTUR SIMPLE

• Les terminaisons des verbes au **futur simple** de l'indicatif sont les mêmes pour tous les groupes : -ai, -as, -a, -ons, -ez, -ont.

• Pour les verbes des 1er et 2e groupes, ainsi que pour certains verbes du 3e groupe, ces **terminaisons s'ajoutent à l'infinitif du verbe**.
parler → je parlerai ; **crier** → je crierai ; **finir** → je finirai ; **dormir** → je dormirai

• Attention ! Certains verbes sont irréguliers (voir leçon 49) et il ne faut pas confondre le **futur simple** et le **présent du conditionnel** (voir leçons 13 et 53).
Je viendrai (*futur simple*) demain. – Je viendrais si j'étais invité (*présent du conditionnel*).

Dictée de phrases 1 *

a) Je finirai mes devoirs ce soir.
b) Nous regarderons le paysage par la fenêtre du train.
c) Les architectes exposeront des projets originaux.

Dictée de phrases 2 *

a) J'irai au bord de la mer l'été prochain.
b) Nadia fera du bateau dans une école de voile.
c) Je prendrai l'avion pour Madrid demain matin.
d) Je me souviendrai longtemps de cette aventure !

Dictée de phrases 3 **

a) Nous nous partagerons les bonbons et les biscuits.
b) En septembre prochain, mes cousins habiteront à la campagne.
c) Tu mangeras du fromage, si cela te fait plaisir.
d) Si on le laisse tranquille, le chat dormira toute la journée.
e) La citrouille se transformera en carrosse et les souris deviendront des chevaux.

Dictée de phrases 4 **

a) Je sais que tu auras une bonne surprise demain.
b) Après la course, je boirai un litre d'eau.
c) Je vérifierai mes calculs à la fin de l'exercice.
d) Vous bénéficierez d'une réduction importante.
e) Vous nous raconterez ce que vous découvrirez durant votre voyage.
f) – Tu ne seras jamais aussi belle que Blanche-Neige, dit le miroir.

Dictée de phrases 5 ***

a) Si le soleil revient, nous pourrons aller au marché.
b) S'il pleut, nous nous réfugierons sous le préau.
c) Ton père voudra-t-il nous accompagner à la gare ?
d) La prochaine fois, je distribuerai les cartes et vous ne tricherez pas.
e) Nous essaierons de vous retrouver dans la galerie marchande.
f) On plantera des arbres fruitiers dans le verger et on aura des fruits.
g) Je n'oublierai pas cette belle journée ; je me souviendrai de tout !

LE PARTICIPE PASSÉ AU MASCULIN SINGULIER

10

- Le **participe passé** des auxiliaires ***avoir*** et ***être*** est respectivement **eu** et **été**.
- Le participe passé des verbes du **1er groupe** est en **-é** (voir aussi leçon 14 pour ***-é/-er***) : Il a crié.
- Le participe passé des verbes du **2e groupe** est en **-i** : il a fini.
- Le participe passé des verbes du **3e groupe** se termine par **-i**, **-u**, **-s**, **-t** : il a dormi, il est venu, il a promis, il a peint.
- Pour connaître la dernière lettre du participe passé au masculin, il faut le mettre au féminin : **prendre :** elle est prise → pris ; **partir :** elle est partie → parti ; **écrire :** elle est écrite → écrit

Dictée de phrases 1 *

a) Tu as eu une très bonne note en technologie !
b) Tristan a été vraiment gentil avec nous.
c) J'ai enfin terminé mes exercices de français !

Dictée de phrases 2 *

a) Julia a fini de lire le programme de télévision.
b) Catherine a beaucoup grandi depuis la rentrée.
c) Toute la classe a applaudi quand j'ai chanté.
d) J'ai nourri tes poissons rouges hier soir.

Dictée de phrases 3 **

a) Dans mon rêve, le bus est conduit par une girafe.
b) J'ai promis de rentrer de bonne heure à la maison.
c) J'ai fait tous mes devoirs et appris par cœur mes leçons.
d) Qui a cru à cette stupide histoire de soucoupe volante ?
e) J'ai lu le mode d'emploi, mais il est en japonais et je n'ai rien compris.

Dictée de phrases 4 **

a) Ma mère a repeint ma chambre en vert pomme.
b) Je n'ai pas reconnu ton frère sur la photo ; il a bien grandi.
c) Jean a fléchi les genoux, puis il s'est évanoui.
d) Mon père m'a permis de jouer au foot avec vous jusqu'à 18 (dix-huit) heures.
e) As-tu écrit les mots de vocabulaire dans ton répertoire ?
f) L'été dernier, nous avons dormi une semaine sous la tente.

Dictée de phrases 5 ***

a) Tu as fait le trajet en métro ou en bus ?
b) Nous avons suivi la créature à trois têtes jusqu'à sa soucoupe volante.
c) Pourquoi ce plat de pâtes est-il servi avec de la sauce au chocolat ?
d) Le fantôme a surgi au fond du couloir, puis il a disparu dans ta chambre.
e) Je suis sorti du collège à 17 (dix-sept) heures et j'ai pris du pain au passage.
f) Je n'ai pas encore répondu à l'invitation de Sonia ; lui avez-vous écrit ?

11 LE PLURIEL DES NOMS EN *-AIL* ET *-OU*

• Les noms terminés par ***-ail*** prennent un -s au pluriel.
des épouvantails, des détails
Exceptions : un corail → des coraux ; un émail → des émaux ;
un travail → des travaux ; un vitrail → des vitraux.

• Les noms terminés par ***-ou*** prennent un -s au pluriel : des trous, des fous, des clous.
Exceptions : des bijoux, des cailloux, des choux, des genoux, des hiboux, des joujoux, des poux.

Dictée de phrases 1 *

a) Le soleil brûle aujourd'hui ; nous agitons nos éventails.
b) Dans cette rue, les portails s'ouvrent automatiquement.
c) Observez avec attention les détails de cette gravure.

Dictée de phrases 2 *

a) J'ai besoin de cinq petits clous pour ma maquette.
b) Pour voir des kangourous, allez au zoo ou bien en Australie.
c) En réparant mon pantalon, j'ai fait deux trous.
d) Partez ! Vous n'êtes que de vilains petits voyous !

Dictée de phrases 3 **

a) Il est dangereux de lancer des cailloux.
b) Simon est tombé et ses genoux sont écorchés.
c) J'ai vu un nouveau magasin de bijoux au bout de la rue.
d) Je déteste les choux, sauf les choux à la crème.
e) Il existe différentes espèces de hiboux : les connaissez-vous ?

Dictée de phrases 4 **

a) Attention : les poux sont de retour !
b) Trois gros matous gris miaulent au bout du chemin.
c) Les vitraux de cette église sont très colorés.
d) Je vais installer trois verrous sur la porte de ma chambre.
e) Des murènes se cachent dans les trous au milieu des coraux.
f) Il me faut deux vis et deux écrous pour terminer cette maquette.

Dictée de phrases 5 ***

a) Notre cuisine est décorée avec des émaux très réputés.
b) Les enfants ont lancé des cailloux dans les trous du rocher.
c) Dès janvier, mon frère guette le Père Noël qui doit lui apporter des joujoux.
d) Je n'aime pas beaucoup les choux de Bruxelles ; je préfère les choux-fleurs.
e) Autrefois, les fous du roi amusaient la Cour avec des pitreries.
f) Vous ne pouvez pas passer : cette rue est barrée en raison des travaux.
g) Les coraux sont des animaux qui vivent dans la mer et redoutent la pollution.

12 CE/SE/CEUX

• Le pronom personnel **se** est toujours placé devant un verbe.
Il **se** réveille. – Ils **se** parlent.

• **Ce** est soit un **déterminant démonstratif** placé devant un nom, soit un **pronom démonstratif** devant *être* ou devant *qui, que, à qui, à quoi, dont...*
Ce fruit (*nom*) est mûr. – **Ce** sera (*être*) toi. – Écoute **ce** que (*pronom*) je te dis.

• **Ceux** est un **pronom démonstratif** ; c'est le pluriel de *celui.*
Ceux qui ont (*celui qui a*) un billet d'entrée peuvent s'avancer.

Dictée de phrases 1 *

a) Ce dindon a l'air totalement stupide !
b) Les enfants se disputent une fois de plus !
c) Ce chien se roule par terre et se gratte le dos.

Dictée de phrases 2 *

a) Le cerisier se couvre de fleurs en quelques jours.
b) Mon oncle veut visiter ce château, ce jardin et ce musée.
c) Je ne crois pas du tout ce que Camille raconte.
d) Il fera beau pour notre sortie – ce qui est important.

Dictée de phrases 3 **

a) Emma a manqué son bus ; elle se dépêche pour arriver à l'heure.
b) Cette sauce au citron, c'est ce qui se fait de mieux.
c) Nous avons tout prévu ; je sais que ce sera un anniversaire réussi.
d) Pierre est absent ce matin ; ce sera toi le responsable des cahiers.
e) Ce matin, j'ai préparé de la pâte à crêpes, et ce soir, ce sera comme à la crêperie !

Dictée de phrases 4 **

a) Mon frère se réveille toujours de mauvaise humeur.
b) Ceux qui ont déjà rencontré des Martiens me comprendront.
c) Mon grand-père a bien connu l'auteur de ce roman.
d) Ceux qui prennent l'avion doivent arriver en avance à l'aéroport.
e) Ne touchez pas à ce champignon, prenez plutôt ceux qui sont dans ce panier.
f) Que ceux qui ont des billets d'entrée se mettent dans la file de droite.

Dictée de phrases 5 ***

a) Il faut se baisser pour voir ce qu'il y a sous la table.
b) On dit parfois que ce qui n'est pas défendu est autorisé.
c) Ceux qui se donnent du mal finissent par être récompensés.
d) Je vous conseille ce roman policier ; il se lit très facilement.
e) Ce que mon grand-père m'a raconté est vraiment extraordinaire.
f) Il se pourrait que ceux qui n'ont pas réservé ne trouvent pas de place.
g) Ce fut par une belle journée d'été que le vaisseau se posa dans notre jardin.

Dictées de révision des règles 9 à 12

L'orthographe des mots ou noms propres signalés par un astérisque est à indiquer.

Dictée 1 Révision des leçons 9 et 12

Notre croisière à la voile se prépare. Le capitaine a rappelé les règles de sécurité et sorti les gilets de sauvetage. Chacun de nous devra en porter un. Ce sont des gilets très légers qui se gonflent au contact de l'eau.
Quand le vent se lève, nous **larguons** les amarres. Le capitaine se tient devant la barre et ceux qui sont au pied du mât se préparent à hisser les voiles. Ce soir, nous regarderons le soleil se coucher à l'horizon et ce sera un moment magique.

Les **verbes en *-guer*** conservent le -u devant un **-a** ou un **-o** : nous larguons, il naviguait.

Dictée 2 Révision des leçons 10 et 11

Le Jardin des plantes abrite, en plein Paris, un zoo très ancien. J'ai découvert avec plaisir des animaux inattendus au cœur de la capitale : des hiboux étaient perchés en haut de leur cage, des singes ont tenté de me lancer des cailloux. Un dromadaire qui se tenait à genoux me regardait d'un air supérieur. J'ai attendu en vain que les kangourous se mettent à sauter. Les crocodiles également n'ont pas voulu me montrer leur dentition ; leurs yeux qui dépassaient juste de l'eau semblaient indiquer qu'ils me trouvaient bien ridicule.

Dictée 3 Révision des leçons 10 et 12

Alice, assise au pied d'un arbre, a pris un livre et en a lu une page. Les lettres ont dansé devant ses yeux et elle a perdu le fil du récit. « Qui a écrit une histoire pareille ? a-t-elle murmuré en glissant dans le sommeil ; ce que les enfants aiment, ce sont les aventures étonnantes ; ceux qui écrivent des histoires sérieuses se trompent ; les enfants veulent rêver. » Alice est déjà en route pour le pays des merveilles...

Dictée 4 Révision des leçons 9 à 11

Mon frère et moi voulons aménager le grenier. Nous y recevrons nos amis et ce sera l'endroit idéal pour écouter de la musique. Quand nous aurons repeint les murs, nous pourrons y fixer de grandes affiches de films. Marc a réussi à en obtenir du cinéma voisin et j'ai pu avoir une réduction sur le prix de la peinture. Mon père a permis que nous utilisions ses outils et que nous plantions des clous, mais il nous défend de toucher aux différents tuyaux et de poser des verrous.

Dictée 5 Révision des leçons 9 à 12 Piste 3

Gilgamesh* et Enkidu* veulent se lancer dans des travaux qui prouveront la force de leur amitié. Ils vont affronter le terrible géant qui garde la **forêt** de Cèdres, domaine des dieux. Ceux qui ont entrepris cette aventure sont fous ou ont péri. Mais les deux amis pensent que leur amitié triomphera de tous les obstacles. Quand le monstre se dresse devant eux, la peur les saisit mais ils se battent courageusement. Le géant tente de les séparer, mais c'est impossible car l'amitié est la plus forte.

L'**accent circonflexe** est, en général, la trace d'un -s qui a disparu mais qui existe dans d'autres mots de la même famille : la forêt/forestier, l'hôpital/hospitaliser.

Dictées de révision des règles 1 à 12

Dictée 6 Révision des leçons 3, 4, 10 et 12

Ulysse* est un héros grec ; grâce à la ruse du cheval de Troie, il a réussi à pénétrer dans la citadelle et a vaincu les Troyens. Quand ces derniers ont vu qu'un immense cheval en bois attendait devant la ville, ils ont ouvert les grandes portes. « Ce sont les dieux, ont-ils pensé, qui ont envoyé ce présent. » Mais des guerriers grecs se tenaient à l'intérieur du cheval et ils ont pu ainsi entrer dans la forteresse invincible pour prendre les Troyens par surprise. Ils ont ouvert les portes de la ville à tous ceux qui attendaient à l'extérieur. Le rusé Ulysse a obtenu la victoire et les Grecs sont **repartis** vers leurs différents royaumes.

Employé avec l'auxiliaire *être*, le **participe passé** s'accorde avec le **sujet** : ils sont repartis.

Dictée 7 Révision des leçons 3, 5, 9 et 10

– Corentin, pourras-tu passer demain à la maison ? demande Élise. J'ai promis à ma mère de tailler les rosiers et je ne sais pas le faire.
– Je ne taillerai pas tes rosiers à ta place ! Je te montrerai comment t'y prendre et ensuite je rentrerai chez moi. J'ai pris trois places pour le match et je m'y rends avec deux copains.
– J'ai compris ! Tu ne veux pas voir mon désespoir et tu ne me rends pas service !

Dictée 8 Révision des leçons 2, 6, 9 et 11

La semaine prochaine, nous irons dans les bois ramasser des champignons. Tu emporteras un panier et un livre qui nous donnera tous les détails nécessaires pour les identifier. Je prendrai ma boussole ; ce sera plus utile que les morceaux de pain et les cailloux du Petit Poucet ! Nous éviterons les champignons vénéneux et nous serons ravis de trouver des cèpes, des girolles et des pieds-de-mouton. Les oiseaux nous feront de vrais récitals ! Ce sera une belle journée ! Je passerai quand même à la pharmacie le soir et on me dira si notre **cueillette** est comestible.

Attention aux mots en ***-ueil*** : la c**ueil**lette, un rec**ueil**, un acc**ueil**, c**ueill**ir, rec**ueill**ir.

Dictée 9 Révision des leçons 7, 8, 10 et 12

Charles Perrault* est un écrivain contemporain de Jean de La Fontaine. C'est lui qui met au goût du jour les contes populaires français. Il s'est tourné vers les histoires de son époque. On dit que c'est un moderne, et ses œuvres en témoignent. Dans les villages, la tradition orale a transmis les histoires ; Perrault a repris ces légendes et a écrit pour la cour du roi les contes que nous lisons encore : *Le Petit Poucet, Cendrillon, Le Petit Chaperon rouge...* Ce sont des œuvres de notre patrimoine, et rares sont ceux qui ne les connaissent pas.

Dictée 10 Révision des leçons 3, 5, 8 et 9

Mon ami,
Bienvenue dans les Carpates*. Je vous attends avec impatience. Dormez bien cette nuit. La diligence partira pour la Bukovine* demain à quinze heures. Une place vous est réservée. Au col de Borgot*, ma voiture vous attendra et vous conduira jusqu'à moi. J'espère que votre voyage de Londres s'est bien déroulé et que vous apprécierez votre séjour dans mon merveilleux pays. Votre ami,

Dracula

Bram Stoker, *Dracula*, traduction de Jacques Finné, © Éditions du Masque.

BILAN 3

LE PRÉSENT DU CONDITIONNEL

• Le **présent du conditionnel** a le même radical que le futur simple de l'indicatif, mais ses terminaisons sont celles de l'imparfait de l'indicatif : -ais, -ais, -ait, -ions, -iez, -aient.
parler → je parlerais, nous parlerions ; **crier** → je crierais, nous crierions ; **finir** → je finirais, nous finirions ; **dormir** → je dormirais, nous dormirions

• Certains verbes sont irréguliers (voir leçon 49) : pouvoir → je pourrais.

• Il ne faut pas confondre le **futur simple** et le **présent du conditionnel** (voir leçon 53) : je parlerai (*futur*) / je parlerais (*présent du conditionnel*)

Dictée de phrases 1 *

a) Nous aimerions escalader le mont Blanc.
b) Je trouverais le chemin si tu me donnais un plan.
c) Si je lui prêtais mes crayons, Samuel finirait sa carte de géographie.

Dictée de phrases 2 *

a) Vraiment, je ne voudrais pas être à votre place !
b) Si Jean était invité, il viendrait certainement.
c) Qui serait partant demain pour une promenade à vélo ?
d) Cette année-là, mon oncle avait décidé que nous irions en Italie.

Dictée de phrases 3 **

a) Si tu portais des lunettes, tu lirais plus facilement.
b) Le surveillant a dit que nous pourrions récupérer notre ballon demain.
c) Pourquoi ton équipe gagnerait-elle le match ?
d) Le jardinier souhaiterait que nous lui donnions un coup de main.
e) On aimerait un peu plus d'enthousiasme de votre part.

Dictée de phrases 4 **

a) Sans ce brouillard, nous apercevrions la mer au pied de la falaise.
b) Si tu me disais ce que tu ne comprends pas, je t'aiderais.
c) Pourquoi ne nous laisserions-nous pas tenter par cette proposition ?
d) Je pensais que Paul obtiendrait davantage de voix et qu'il serait délégué.
e) Julie m'a assuré que tu tiendrais le premier rôle dans notre spectacle.
f) Je voudrais deux baguettes de pain et deux croissants au beurre, s'il vous plaît.

Dictée de phrases 5 ***

a) S'il faisait beau demain, nous pourrions aller à la pêche.
b) Cette région est magnifique ! On s'y installerait avec plaisir !
c) Si tu voyais ton cousin James, tu le saluerais de notre part.
d) Je renoncerais volontiers à cet exposé si quelqu'un voulait s'en charger.
e) Si j'avais besoin d'un compas, je n'hésiterais pas à emprunter le tien.
f) Pourquoi le principal ne serait-il pas d'accord pour organiser cette sortie ?
g) Je préparerais bien de la pâte à crêpe, mais il faudrait acheter de la farine.

-É/-ER

- Il ne faut pas confondre le **participe passé en *-é*** et le **verbe à l'infinitif en *-er***.
- Pour entendre la différence et éviter la confusion, il faut remplacer le verbe par un **verbe du 3ᵉ groupe** : prendre/pris ; vendre/vendu ; mordre/mordu.
- Pour être efficace, il faut toujours utiliser le même verbe du 3ᵉ groupe. J'ai regardé (~~prendre~~, **pris**) un film. – Je vais regarder (**prendre**, ~~pris~~) un film.
- Le verbe à l'infinitif est invariable, mais le participe passé, lui, peut s'accorder (voir notamment la leçon 31).

Dictée de phrases 1 *

a) Le vase est cassé ; il faut le réparer.
b) La cloche a sonné ; c'est l'heure de rentrer.
c) Manger trop de chocolat peut rendre malade.

Dictée de phrases 2 *

a) Après avoir joué, le chien est allé se coucher.
b) Comme il est arrivé le premier, il a remporté la course.
c) Paul est allé déjeuner au restaurant avec son père.
d) Je vais emprunter un stylo car j'ai oublié ma trousse.

Dictée de phrases 3 **

a) Nous savons cuisiner et nous vous avons préparé un gigot.
b) Qui a allumé la lumière et a oublié de l'éteindre ensuite ?
c) Tessa a cessé de dessiner, mais elle commence à sculpter.
d) Qui a renversé un verre d'eau sur ma part de gâteau ?
e) Stéphane n'a pas pensé à apporter son maillot de bain.

Dictée de phrases 4 **

a) Dans cette maison, rien n'avait changé depuis le siècle dernier.
b) Vous ne pouvez pas oublier à chaque fois vos affaires de sport !
c) Le cambrioleur a roulé trop vite et s'est fait arrêter par la police.
d) Il ne faut pas déranger votre grand-père : il est en train de se reposer.
e) Nathan s'est fait piquer par une guêpe et son bras est enflé.
f) Avez-vous pu assister au spectacle organisé par notre collège ?

Dictée de phrases 5 ***

a) Cette machine étrange sert à voyager dans le temps.
b) Pourquoi as-tu décidé de couper cet arbre sans nous consulter ?
c) Nous n'avons pas prolongé notre séjour car il a plu tous les jours.
d) Dès qu'il a commencé à neiger, Jean-Baptiste s'est abrité chez moi.
e) On a installé des chaises dans la salle polyvalente et décoré les murs.
f) Le fantôme avait imaginé nous terroriser pour nous chasser de chez lui.
g) Le chat peut manger ses croquettes, mais il a pêché un poisson dans l'aquarium !

15

L'ACCORD SUJET-VERBE

• **Le verbe s'accorde avec son sujet.** Celui-ci est le plus souvent placé avant le verbe. Tu racontes une histoire ; nous l'écoutons.

• Attention au **sujet inversé** ! Connaissent-ils cette histoire ?

• Quand un verbe a plusieurs sujets et que l'un d'eux est un pronom personnel de 1re personne, le **verbe** se met **à la 1re personne**.
Nathalie et moi écrivons un roman.

• Quand un verbe a plusieurs sujets et que l'un d'eux est un pronom personnel de 2e personne, le **verbe** se met **à la 2e personne**.
Joachim et toi pourrez peut-être nous aider.

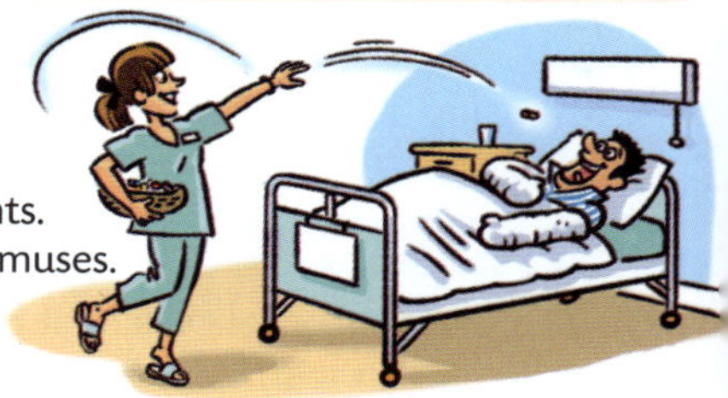

Dictée de phrases 1 *

a) Tu lis le texte, puis tu rédiges un résumé.
b) Les infirmières distribuent les médicaments.
c) Clara révise ses leçons pendant que tu t'amuses.

Dictée de phrases 2 *

a) En automne, les feuilles jonchent les allées du parc.
b) Que regardes-tu par la fenêtre ? Il fait nuit et on ne voit rien.
c) Que comptes-tu faire de ce vieux vélo ?
d) Nous jouons dans un parc qu'entourent de grands arbres.

Dictée de phrases 3 **

a) Charles et toi avez remporté le premier prix du concours.
b) Tu as attaché ton vélo à la grille du parc.
c) Johanna et moi allons à la piscine tout à l'heure.
d) On se range, on se calme, on monte l'escalier en silence.
e) Sur la route s'avançaient deux chevaux tirant une voiture.

Dictée de phrases 4 **

a) C'est Damien et moi qui arbitrons le match cette fois-ci.
b) Je me dirige vers l'endroit d'où proviennent les cris.
c) Pourquoi es-tu si heureux ce matin ? Que vas-tu faire aujourd'hui ?
d) Les spectateurs applaudissent le musicien qui joue à la perfection.
e) Je cueille des fleurs et je les dispose dans un vase.
f) Tu me prêtes tes documents et je les examine ce soir.

Dictée de phrases 5 ***

a) Tout le monde apprécie les dîners de crêpes !
b) Est-ce toi qui te chargeras d'accueillir nos invités ?
c) Tu m'apportes des bonbons et je les mange en cinq minutes !
d) Aucun d'entre nous n'a pensé à apporter un ballon aujourd'hui !
e) La foule présente sur le stade clame son enthousiasme au passage des coureurs.
f) C'est vous qui vendrez les billets et c'est moi qui placerai les spectateurs.

SON/SONT ; MAIS/MES

16

• Il ne faut pas confondre le déterminant possessif **son** et le verbe *être* au présent **sont**. On peut remplacer **son** par ***mon*** ou ***ton***, et **sont** par ***étaient***.
Tom a appris **son** (*mon*) rôle. – Les comédiens **sont** (*étaient*) entrés en scène.

• Il ne faut pas confondre le déterminant possessif **mes** et la conjonction de coordination **mais**. On peut remplacer **mes** par ***tes*** ou ***ses***.
Il a déjà rencontré **mes** (*ses*) frères, **mais** (~~*ses*~~) il ne les connaît pas bien.

Dictée de phrases 1 *

a) Marine nous présentera demain son frère.
b) Lucas a oublié son cahier, mais il a pris son livre.
c) Nos camarades sont venus jouer avec nous dans le parc.

Dictée de phrases 2 *

a) J'attends mes camarades depuis dix minutes !
b) Je comprends le chinois, mais je ne le parle pas.
c) Je range mes affaires mais pas les tiennes !
d) Je poursuis mes efforts et mes résultats en orthographe s'améliorent.

Dictée de phrases 3 **

a) Mes amis sont tous là pour mon anniversaire !
b) Je crois que ta sœur nourrit trop son chien.
c) Lola a oublié son sac de piscine dans le car.
d) Mes chats sont vraiment très gourmands.
e) Line a fini son exercice mais elle ne sait pas sa leçon.
f) Pierre apporte chaque jour son goûter au collège.

Dictée de phrases 4 **

a) Un de mes voisins est apiculteur : son miel est délicieux.
b) Les abeilles sont des insectes très utiles, mais elles sont en danger.
c) Jacques met son manteau mais oublie son écharpe.
d) Les astronautes sont en liaison permanente avec la Terre.
e) Dans son observatoire, l'astronome a réglé son télescope.
f) Martin assure que les framboises sont mûres et son panier en est plein.
g) Mes parents sont allés chercher mes amis à la gare, mais ils n'étaient pas là.

Dictée de phrases 5 ***

a) Mes cousins sont partis ce matin et la maison me semble bien vide.
b) Les toits et l'escalier du château de Chambord sont magnifiques.
c) C'est un cadeau pour Natacha : ce sont de belles partitions pour son violon.
d) Nos amis ont rencontré notre oncle et sont d'accord pour louer son appartement.
e) Mes chaussures ne sont pas toutes neuves, mais elles sont très confortables !
f) Piano et violon sont deux instruments à cordes, mais j'aime mieux le son du violon.
g) Au mois de mai, mes cerisiers sont en fleur ; mais je les préfère avec des cerises.

Dictées de révision des règles 13 à 16

L'orthographe des mots ou noms propres signalés par un astérisque est à indiquer.

Dictée 1 Révision des leçons 13 et 14

J'aimerais voler comme une feuille ou une bulle de savon. Les avions sont trop gros pour vous donner l'impression de voler vraiment. On a à peine décollé qu'on se croirait immobilisé en plein ciel. Je voudrais sentir le vent qui me porte ; je monterais et je descendrais au **gré** des courants aériens. Je survolerais des pays entiers : les villes ressembleraient à de grosses fourmilières et les fleuves à des rubans.

Les mots **gré**, **malgré** et **parmi** ne prennent pas de **-s**.

Dictée 2 Révision des leçons 14 et 15

Tu ne m'attraperas pas, Barbe-Bleue* ! Tu n'es pas aussi fort que mes frères qui viennent me chercher ! Moi qui ai ouvert le cabinet interdit et qui connais ton secret, je ne finirai pas comme tes autres épouses. Je suis à l'abri dans ce donjon fermé à clé. J'entends mes frères qui arrivent pour me sauver : ils ont bravé les dangers de la route et pressé leurs chevaux pour m'emporter loin de ton terrible château ! À l'horizon déjà résonnent les sabots ! Je vois un nuage de poussière se former au loin. Les voilà !

Dictée 3 Révision des leçons 13 et 16

Si je savais fabriquer une machine à remonter le temps, je rendrais visite aux hommes préhistoriques et j'inventerais pour eux la roue. Les brouettes et les charrettes sont si pratiques ! Mes conseils seraient utiles, mais ils n'auraient probablement pas envie de m'écouter. Si je rendais visite aux hommes du futur, ils se moqueraient de mes ordinateurs et de mes téléphones et me montreraient des machines bien plus puissantes que les nôtres.

Dictée 4 Révision des leçons 14 à 16

Ulysse* fait escale pour se ravitailler. Tandis que ses compagnons remplissent le bateau de vivres, le héros entend la voix des Cyclopes* qui habitent sur l'île voisine. « Mes compagnons, **crie-t-il**, je veux voir ces monstres ! » Personne ne conteste ouvertement la décision d'Ulysse, mais certains marins ont osé murmurer qu'il a tort. Les Cyclopes sont cruels et l'escale inutile. Sous les ordres d'Ulysse, les marins dirigent le navire vers le rivage tandis que s'approchent les voix des Cyclopes.

Attention à l'incise narrative ! Il faut ajouter un **-t-** si nécessaire : dit-il, répond-il, assurent-ils, mais crie-**t**-il, cria-**t**-il.

Dictée 5 Révision des leçons 13 à 16 Piste 4

Plus tard, j'aimerais être médecin ou bien infirmier. Les métiers qui consistent à soigner, ainsi que les personnes qui sont au service des autres m'inspirent de l'admiration. Je voudrais faire comme elles. Le médecin qui écoute son patient, l'infirmière qui sourit à un malade sont pour moi des modèles. Je sais que les études sont difficiles et j'ai quelques difficultés ; mais, en travaillant, je mets toutes les chances de mon côté.

Dictées de révision des règles 1 à 16

Révision des leçons 2 et 13 à 15

– Je voudrais préparer une surprise pour l'anniversaire de ma mère. Aurais-tu une idée ? Que pourrais-je lui offrir ?
– Pourquoi ne lui offrirais-tu pas une crème de beauté ?
– Elle va penser que je la trouve vieille. Pourrais-tu me suggérer autre chose ? J'ai déjà cherché sans rien trouver.
– Un bouquet de fleurs ? Une boîte de bonbons ? Des progrès en orthographe ?

Dictée 7 Révision des leçons 8, 12, 15 et 16

Les Cyclopes* sont des géants qui ressemblent au sommet boisé d'une haute montagne. Leur œil unique est effrayant et leur force est immense. Ils sont nombreux mais ne vivent pas en société. **Chaque** Cyclope habite dans sa grotte et élève ses brebis. **Aucun** de ceux qui habitent sur cette île ne cultive la terre.
C'est dans la grotte de Polyphème* qu'Ulysse* et ses compagnons ont pénétré. Ils ont goûté les fromages et se sont assis pour attendre le géant. Les marins voulaient regagner le navire, mais Ulysse avait décidé de rencontrer le monstre.

Les mots **chaque**, **chacun**, **aucun** sont singuliers : **chaque** Cyclope habite une grotte ; **chacun** élève ses brebis ; **aucun** ne cultive la terre.

Dictée 8 Révision des leçons 4 et 14 à 16

Les épopées sont de longs poèmes qui racontent les exploits des héros et célèbrent leurs nombreux mérites. Les aèdes* sont des conteurs grecs qui vont de ville en ville pour chanter les récits extraordinaires. Les Grecs de l'Antiquité ont représenté Homère comme un aède âgé et aveugle. Mais on ne sait rien de l'auteur supposé de **l'*Iliade*** * et de **l'*Odyssée*** *. On admire son génie qui a traversé les siècles.

Quand on écrit à la main le titre d'un livre ou d'un tableau, on le souligne : l'Iliade.

Dictée 9 Révision des leçons 8, 12, 13 et 16

C'est aujourd'hui le grand jour. Fabien s'est levé de bonne heure pour terminer les derniers préparatifs. Les chambres sont encore silencieuses et personne ne se doute de ce qui se trame dans le grenier. Fabien saisit la poignée de la machine et la tire d'un coup sec. Le moteur se met à tourner doucement. Le garçon effectue les derniers réglages et s'assied à son poste de commande. Il se pourrait qu'il ne revienne jamais de son voyage dans le temps. Que penseraient ses parents ? Que deviendraient-ils ? Fabien hésite...

Dictée 10 Révision des leçons 2, 3, 14 et 15

Elle venait alors d'entrer dans une chambrette bien rangée, avec une table devant la fenêtre, et sur cette table [...] se trouvaient un éventail et deux ou trois paires de minuscules gants de chevreau blanc : elle prit l'éventail et une paire de gants et allait quitter la pièce lorsque son regard tomba sur une petite bouteille posée à côté du miroir. Cette fois, il n'y avait pas d'étiquette avec les mots « BUVEZ-MOI », mais elle n'en déboucha pas moins la bouteille pour la porter à ses lèvres.

Lewis Carroll, *Alice au pays des merveilles*, traduction de Daniel Bismuth, coll. « Bibliocollège », Hachette Éducation.

17 L'IMPARFAIT DE L'INDICATIF

• Les terminaisons des verbes à l'**imparfait de l'indicatif** sont toujours : -ais, -ais, -ait, -ions, -iez, -aient.

• Le **radical** auquel s'ajoutent ces terminaisons est celui du verbe à la 1re personne du pluriel du présent de l'indicatif.
avouer : nous avouons (*présent*) → j'avouais, nous avouions (*imparfait*) ;
finir : nous finissons (*présent*) → je finissais, nous finissions (*imparfait*) ;
rire : nous rions (*présent*) → je riais, nous riions (*imparfait*) ;
croire : nous croyons (*présent*) → je croyais, nous croyions (*imparfait*)

Dictée de phrases 1 *

a) Nous nous retrouvions le soir après l'école.
b) Michaël jouait au foot le mercredi après-midi.
c) L'an dernier, je finissais mes cours à 16 (seize) heures.

Dictée de phrases 2 *

a) Le chien courait pour rattraper la balle.
b) Je ne connaissais pas Homère avant d'entrer au collège.
c) Quand vous ne preniez pas le premier bus, vous attendiez longtemps le suivant.
d) Mes grands-parents allaient et venaient dans le jardin.

Dictée de phrases 3 **

a) Il y a cinq ans, je plongeais sans craindre dans l'eau froide.
b) Le professeur interrogeait les élèves à chaque cours.
c) L'an dernier, nous jouions le soir dans le jardin de la résidence.
d) Ma sœur rangeait toujours soigneusement ses affaires et cela m'agaçait !
e) Vous travailliez beaucoup cette année-là !

Dictée de phrases 4 **

a) En raison du brouillard, les avions ne pouvaient pas décoller.
b) Quand il neigeait, nous faisions un bonhomme de neige dans la cour.
c) L'été dernier, vous ne vous réveilliez pas avant 11 (onze) heures !
d) Nous avions confiance en nous et ne craignions pas les critiques.
e) Mon oncle ne voyait pas grand-chose sans ses lunettes.
f) À la maternelle, nous peignions avec de gros pinceaux sur de grandes feuilles.

Dictée de phrases 5 ***

a) L'année dernière, je mangeais une pomme chaque soir.
b) Les dernières années de sa vie, mon grand-père se déplaçait difficilement.
c) Je laçais mes patins, me lançais sur la glace et glissais toujours avec tant de plaisir !
d) Autrefois, comme aujourd'hui, nous éteignions toujours la lumière en partant.
e) Tu étais très naïve et tu croyais toujours tout ce qu'on te racontait.
f) Quand nous étions petits, nous croyions au Père Noël.
g) Lorsque vous habitiez dans ce château, vous voyiez des fantômes partout !

18 LES VERBES EN *-IER* ET *-YER*

• **Verbes en *-ier* :** il ne faut pas oublier le e muet au présent et au futur simple de l'indicatif. je crie, tu cries, il crie, je crierai, nous crierons

• **Verbes en *-yer* :** le y est une lettre que l'on entend comme le son « ill » ; quand on ne l'entend pas (devant un e muet), c'est qu'il s'est transformé en **i**.
j'appuie, nous appuyons, ils appuient – je broie, nous broyons, ils broient ; j'appuierai, nous appuierons – je broierai, nous broieront.

• **Verbes en *-ayer* :** ils sont les seuls à avoir deux orthographes.
je paie/je paye ; je paierai/je payerai

• **À l'imparfait**, aux deux premières personnes du pluriel, les terminaisons en ***-ions*** et ***-iez*** s'ajoutent à un radical terminé par un -i ou un -y.
nous criions, nous appuyions, nous broyions, nous payions

Dictée de phrases 1 *

a) Je crie parce que tu m'embêtes !
b) Nina vérifie ses calculs avant de rendre sa copie.
c) Tu oublies trop souvent ta carte de cantine.

Dictée de phrases 2 *

a) J'essuie les verres avec un torchon propre.
b) Nous nettoyons la cuisine pour faire une bonne surprise à ma mère.
c) Tout à l'heure, j'essaie mes nouveaux rollers.
d) Ton histoire est trop répétitive et elle m'ennuie.

Dictée de phrases 3 **

a) Je multiplierai quinze par douze pour obtenir l'aire du rectangle.
b) Cette année, nous étudierons une comédie de Molière.
c) Nous emprunterons la scie et la manierons avec prudence.
d) La machine est en panne aujourd'hui : nous laverons et essuierons la vaisselle.

Dictée de phrases 4 **

a) Les mouettes tournoyaient au-dessus du bateau de pêche.
b) Autrefois, nous tutoyions notre maîtresse de maternelle.
c) Je me rappelle que vous appréciiez beaucoup notre tarte aux framboises.
d) Nous examinions et triions nos timbres chaque samedi.
e) Autrefois, mes amis et moi, nous nous associions pour organiser des spectacles.

Dictée de phrases 5 ***

a) Je nettoierai tout à l'heure ma chambre et nous balaierons/balayerons.
b) Avec votre inscription, vous bénéficierez d'une réduction de dix pour cent.
c) Tu t'appropries bien souvent ce qui ne t'appartient pas !
d) Quand la neige aura fini de tomber, nous déblayerons/déblaierons le trottoir.
e) Quand vous n'aviez pas confiance en vous, vous vous noyiez dans un verre d'eau !
f) Je vous remercie pour ces dictées de phrases bien utiles.

19 L'ACCORD DE L'ATTRIBUT DU SUJET

• L'**attribut du sujet** s'accorde **en genre** et **en nombre** avec le sujet par l'intermédiaire d'un verbe qui est le plus souvent un verbe d'état (*être, sembler, devenir, rester, paraître, passer pour, avoir l'air...*).
Les enfants semblent (*verbe*) ravis. – **Elles** sont (*verbe*) très heureuses.

• Il ne faut pas confondre l'**attribut du sujet** avec le **COD**.
Pierre et Jade appellent le médecin. – **Pierre et Jade** sont médecins.
COD du verbe — attribut du sujet

Dictée de phrases 1 *

a) Mes poissons semblent plus malades qu'hier.
b) Les villages sont blottis dans la vallée.
c) Les enfants paraissent satisfaits de leur sortie au théâtre.

Dictée de phrases 2 *

a) Ses gants et son bonnet sont assortis.
b) Les allées du jardin étaient rectilignes.
c) Nous serons tous enchantés de ce voyage en Italie.
d) Pierre et moi sommes particulièrement distraits et étourdis.

Dictée de phrases 3 **

a) Antoinette était enchantée de sa journée.
b) Plus tard, Alice et moi serons vétérinaires.
c) Mona et Louise restent fatiguées de leur compétition.
d) Sans la double négation, ma phrase est incorrecte.
e) Ces pommes sont trop acides ; celles-ci sont plus sucrées.

Dictée de phrases 4 **

a) Mes grands-parents sont garagistes en Normandie.
b) Ces enfants sont très ambitieux et se voient déjà ministres !
c) Théo et Natacha sont très actifs dans notre club de théâtre.
d) Ces explorateurs sont dignes d'admiration et deviendront célèbres.
e) – Vous êtes fâchées ? demanda Marc à Manon et Lucie.
f) Ces potions magiques sont efficaces, mais elles te paraîtront amères.
g) Chez La Fontaine, les animaux semblent humains ; leurs défauts sont les nôtres.

Dictée de phrases 5 ***

a) Les histoires que ton frère raconte sont invraisemblables.
b) Si tu es effrayée par cette histoire, tu es bien naïve !
c) Ces fables, qui sont très connues, sont toujours d'actualité.
d) Les enfants se voient en valeureux cosmonautes à la conquête de l'espace.
e) Laurine et Nathalie ont été élues déléguées au conseil d'administration du collège.
f) Pourquoi tes amis sont-ils rentrés mécontents de leur journée ?
g) Je suis contrariée parce que je suis sa meilleure amie depuis longtemps.

20 LA/L'A/L'AS/LÀ

• **La** placé devant un nom est un **déterminant**. Placé devant un verbe, c'est un **pronom personnel** qui joue le rôle d'un remplaçant.
C'est **la** sœur de Marc ; je **la** connais bien.
déterminant — pronom

• **L'a** et **l'as** sont formés d'un pronom personnel et du verbe *avoir* au présent de l'indicatif ; on peut les remplacer par ***l'avait*** ou ***l'avais***.
Il a pris mon stylo et me **l'a** (*l'avait*) rendu. – Tu **l'as** (*l'avais*) vu ?

• **Là** est une **indication de lieu**. Il peut aussi compléter un démonstratif.
Je ne pourrai pas être **là** demain. – Ce roman-**là** est passionnant.

Dictée de phrases 1 *

a) La lune se leva ; Patrice la regarda longtemps.
b) Tu as ma gomme ; peux-tu me la rendre ?
c) Le courrier est arrivé : le facteur l'a distribué.

Dictée de phrases 2 *

a) Tu n'as pas ton livre : tu l'as encore oublié chez toi !
b) Cette musique est très belle ; tu la joueras à la flûte.
c) Si tu vas dans la cuisine, tu trouveras ton stylo : tu l'as laissé là.
d) Tu es au courant car c'est toi-même qui l'as raconté hier !

Dictée de phrases 3 **

a) J'apprends la table de douze et je te la récite.
b) Prenez la première rue à droite ; la gare est par là.
c) Vous ne retrouverez pas votre devoir : le chien l'a mangé.
d) Peux-tu poser ce livre-ci à côté de celui-là ?
e) Prends ces framboises-là : elles sont plus fermes.

Dictée de phrases 4 **

a) Repassez demain, mes parents ne sont pas là.
b) Ne prends pas ce DVD : tu l'as déjà vu la semaine dernière !
c) Que fais-tu là ? Tu es dans ma chambre ; la porte, c'est par là !
d) Le professeur a distribué le sujet et l'a relu avec nous.
e) La voiture est passée par là ; on relève des traces de pneus.
f) Je ne retrouve plus mon stylo-plume ; me l'as-tu rendu ?

Dictée de phrases 5 ***

a) C'est là, dans cette clinique, que mon père est né.
b) Tu rangeras les boîtes de conserve là où je te dirai.
c) Je ne retrouve pas mon bonnet : le vent l'a emporté par là.
d) C'était un secret ; pourquoi l'as-tu dévoilé à toute la classe ?
e) Cette fable est amusante ; je la recopie et je l'apprends par cœur.
f) Tu retrouveras ton trousseau de clés sur la table, là où tu l'as laissé hier.

BILAN 5

Dictées de révision des règles 17 à 20

L'orthographe des mots ou noms propres signalés par un astérisque est à indiquer.

Dictée 1 Révision des leçons 17 et 18

Quand j'étais petit, je passais l'été chez mes grands-parents dans la maison qu'ils habitaient à la campagne. Je retrouvais avec joie mes cousins et nous jouions pendant des journées entières. Le jardin était pour nous un univers immense et nous y oubliions tous nos petits soucis de l'année en devenant des explorateurs ou des agents secrets. Nous envoyions les plus jeunes en mission ; ils devaient nous rapporter des provisions de survie. Ma grand-mère **leur** donnait des tartines et des biscuits dans un panier et, le soir, nous la remerciions vivement. Nous croyions tous que ces étés dans le jardin dureraient toujours.

Leur placé devant un verbe est un pronom personnel invariable (voir leçon 47) : ma grand-mère **leur** donnait un panier.

Dictée 2 Révision des leçons 19 et 20

Un lapin portant un habit est passé devant Alice qui l'a aussitôt suivi. Il semble **pressé** et ses yeux sont inquiets. « Pourquoi suis-je encore là à courir ? Les cartes seront mécontentes si je suis en retard ! » Les paroles du lapin pressé paraissent très mystérieuses à Alice dont la curiosité se trouve stimulée. Le lapin se retourne tout en poursuivant sa course, mais Alice est cachée **derrière** un arbre et l'animal ne la voit pas.

Le **e** ne prend pas d'accent devant une double consonne : pressé, derrière.

Dictée 3 Révision des leçons 17, 18 et 20

J'ai rêvé que je participais à une expédition sous-marine. Nous essayions de percer les secrets d'une épave du dix-huitième siècle. Je la regardais à travers le hublot du petit sous-marin et je me préparais à plonger. La mission était tellement passionnante que nous oubliions le monde à la surface. Nous vivions là, sur un valeureux galion des temps anciens. Je venais juste de découvrir un coffre enfoui sous le sable quand mon réveil a sonné.

Dictée 4 Révision des leçons 17, 19 et 20

La marraine de Lucas lui avait offert un iguane. C'était un animal d'une quinzaine de centimètres. Lucas l'avait tout de suite appelé Dino car il ressemblait à un petit dinosaure. Il l'avait installé dans un aquarium et avait interrogé sa marraine au sujet de la nourriture.

– Voilà une feuille de salade : tu peux la lui donner ; il devrait la manger, dit-elle.
– Elle est là, juste devant lui, mais il ne la regarde même pas, lui répond Lucas.
– Il la mangera quand il en aura envie, reprend-elle.

Dictée 5 Révision des leçons 17 à 20 — Piste 5

Ishtar*, une déesse mésopotamienne autoritaire, voulait épouser le roi Gilgamesh*. Mais le souverain refusa car il la connaissait bien et ne l'aimait pas. Furieuse, la déesse supplia son père de lui donner un taureau céleste pour se venger.

– Je te prierai de m'accorder ce taureau-là jusqu'à ce que tu cèdes ! J'emploierai tout mon temps à te supplier et tu cèderas (céderas *est autorisé*) ! Tu l'as donné à d'autres et tu me le donneras aussi ! criait-elle en colère.

Dictées de révision des règles 1 à 20

Dictée 6 Révision des leçons 2, 9, 18 et 19

Demain, je rangerai ma chambre : je nettoierai les tiroirs de mon bureau ; je jetterai les vieux stylos qui n'écrivent plus et les cartouches d'encre vides ; je balaierai (balayerai) sous l'armoire. Je me mettrai à genoux et je frotterai le plancher afin d'ôter quelques **taches** de peinture. J'essuierai les étagères pour y déposer les livres de classe et les paquets de feuilles simples. Je vérifierai l'état de ma trousse et mes classeurs seront triés. Demain soir, tout le monde sera ébloui ! Mais aujourd'hui, je me repose pour prendre des forces...

Ne pas confondre une **tache** (*à nettoyer*) et une **tâche** (*un travail à effectuer*).

Dictée 7 Révision des leçons 8, 17, 19 et 20

Je me tenais sur le pas de la porte et observais mon ami détective. Le placard était à peine entrouvert ; il l'a remarqué tout de suite et s'est approché. Je ne bougeais pas. Ses sourcils étaient froncés et ses yeux restaient immobiles. Son esprit de déduction avait-il compris l'intention des cambrioleurs ? Pourquoi s'intéresser à un placard qui ne contient que de la vaisselle ? Pourquoi cette pièce-là alors que les salons du château regorgeaient d'objets de valeur ? C'était un mystère pour moi.

Dictée 8 Révision des leçons 7, 12, 17 et 19

Il y avait une fois un marchand qui était extrêmement riche. [...]
Ses filles étaient très belles, mais la cadette surtout se faisait admirer, et on ne l'appelait, quand elle était petite, que « la **Belle** Enfant » ; en sorte que le nom lui en resta, ce qui donna beaucoup de jalousie à ses sœurs. Cette cadette, qui était plus belle que ses sœurs, était aussi meilleure qu'elles. Les deux aînées avaient beaucoup d'orgueil, parce qu'elles étaient riches : elles faisaient les dames, et ne voulaient pas recevoir les visites des autres filles de marchands.

Mme Leprince de Beaumont, *La Belle et la Bête.*

Attention à ne pas confondre **bel** (un **bel** été) et **belle** (une **belle** jeune fille).

Dictée 9 Révision des leçons 3, 14, 19 et 20

Nos deux philosophes étaient prêts à s'embarquer dans l'atmosphère de Saturne avec une fort jolie provision d'instruments mathématiques. [...] Ils sautèrent d'abord sur l'anneau, qu'ils trouvèrent assez plat, comme l'a fort bien deviné un illustre habitant de notre petit globe ; de là ils allèrent de lune en lune. Une comète passait tout auprès de la dernière ; ils s'élancèrent sur elle avec leurs domestiques et leurs instruments.

Voltaire, *Micromégas.*

Dictée 10 Révision des leçons 2, 15, 17 et 19

Le père et la mère de Julien habitaient un château, au milieu des bois, sur la pente d'une colline.
Les quatre tours aux angles avaient des toits pointus recouverts d'écailles de plomb, et la base des murs s'appuyait sur les quartiers de rocs, **qui** dévalaient abruptement jusqu'au fond des douves.
Les pavés de la cour étaient nets comme le dallage d'une église. De longues gouttières, figurant des dragons la gueule en bas, crachaient l'eau des pluies vers la citerne.

Gustave Flaubert, *La Légende de saint Julien l'Hospitalier.*

Lorsque le pronom **qui** est sujet, il faut trouver le mot qu'il remplace pour bien accorder le verbe : les quartiers de rocs, **qui** dévalai**ent**.

21 LE PASSÉ SIMPLE DE L'INDICATIF

On rencontre quatre modèles de conjugaison au **passé simple** de l'indicatif (voir aussi tableaux de conjugaison à partir de la page 140).
– **Verbes du 1er groupe** : le **a** domine : -ai, -as, -a, -âmes, -âtes, -èrent.
je parlai, tu parlas
– **Verbes du 2e groupe + certains verbes du 3e groupe** : type en ***-i*** : -is, -is, -it, -îmes, -îtes, -irent.
je finis, tu finis, il finit, nous finîmes
– **Verbes du 3e groupe** : type en ***-u*** : -us, -us, -ut, -ûmes, -ûtes, -urent.
je crus, tu crus, il crut
– **Verbes du 3e groupe** : type en ***-in*** : -ins, -ins, -int, -înmes, -intes, -inrent.
je vins, tu vins, il vint, nous vînmes, vous vîntes

Dictée de phrases 1 *

a) Jean-Baptiste dévora un kilo de pâtes à lui tout seul.
b) Les élèves de 6e 3 décidèrent de soutenir une association humanitaire.
c) Je rencontrai le principal du collège et le saluai de la tête.

Dictée de phrases 2 *

a) Irène repeignit sa chambre en jaune et vert.
b) Émilie et Anne firent attention à ne pas nous réveiller.
c) Le chien courut pendant plusieurs heures le long de la plage.
d) Jean voulut faire un cadeau original à son père.

Dictée de phrases 3 **

a) Le cuisinier ouvrit le four et enfourna le gratin.
b) Le téléphone sonna, mais personne ne répondit.
c) J'ouvris la porte et m'approchai du coffre.
d) Nadège revint sur ses pas, mais elle ne retrouva pas ses gants.
e) À une époque, cette maison appartint à mon oncle, mais il ne la garda pas longtemps.

Dictée de phrases 4 **

a) Le chien aperçut son maître et se précipita à sa rencontre.
b) Je pris ce livre sur l'étagère, hésitai, puis finalement le replaçai.
c) Le détective revint sur ses pas et interrogea à nouveau le témoin.
d) Un bruit nous fit sursauter et nous retînmes notre respiration.
e) La lumière s'éteignit brusquement et nous entendîmes un grincement étrange.

Dictée de phrases 5 ***

a) Le cycliste eut un accident mais put rentrer chez lui.
b) Arthur partit aux États-Unis et y demeura trois ans.
c) Les chevaliers vainquirent leurs ennemis et rentrèrent glorieux.
d) Le soleil se coucha et bientôt apparurent les premières étoiles.
e) Nous parvînmes au sommet à midi et nous nous reposâmes une bonne heure.
f) Je me précipitai vers la moto accidentée, prévins les secours et aidai le blessé.

22

-I/-IS/-IT ; -U/-US/-UT

• Les **participes passés** des verbes des 2e et 3e groupes se terminent par -i, -u, -t, -is ou -it au masculin singulier : fini, pris, traduit, couru.
On met le participe passé au **féminin** pour connaître la **dernière lettre** (voir leçon 10) : elle est écrite → il est écrit ; elle est prise → il est pris.
Le participe passé prend un -s au pluriel et un -e au féminin.
elle est venue ; ils sont venus ; elles sont venues.

• On rencontre les terminaisons -is, -us, -ut au **présent** ou au **passé simple** de l'indicatif pour les verbes des 2e et 3e groupes.
je finis, il finit ; je compris, il comprit ; je courus, il courut

• Pour reconnaître un verbe conjugué, on peut le mettre au futur.
Il a pris (~~il a prendra~~) son train. – Il prit (*prendra*) son train.

Dictée de phrases 1 *

a) Maxime a pris le train de midi.
b) Sonia a traduit une longue lettre en anglais.
c) Tu as bien réagi quand tu as appris la nouvelle.

Dictée de phrases 2 *

a) J'ai entrevu une biche au bout du chemin.
b) Le joueur courut pour prendre le ballon et tomba.
c) Je voulus m'approcher de la scène, mais je ne pus le faire.
d) J'ai descendu le sac-poubelle dans le local à ordures.

Dictée de phrases 3 **

a) Le chasseur aperçut le cerf qui disparut aussitôt.
b) M. Martin enfila ses gants, prit son parapluie et sortit dans la rue.
c) Je t'ai déjà répondu que je n'avais pas pris ton stylo.
d) Le pèlerin mit ses affaires en ordre et entreprit un long voyage.

Dictée de phrases 4 **

a) Le cambrioleur a détruit le coffre et pris tous les bijoux.
b) Il faisait froid et j'ai mis les mains dans mes poches.
c) L'élève exclu du cours doit présenter ses excuses au professeur.
d) L'avion disparut derrière un nuage, mais on l'entendit encore longtemps.
e) Étienne, remis de sa grippe mais amaigri, se rendit au collège.

Dictée de phrases 5 ***

a) Un accord de paix a enfin été conclu entre les deux pays.
b) Un coup de tonnerre retentit et une pluie violente s'abattit sur le village.
c) Très ému, le lauréat fondit en larmes quand il reçut son prix.
d) Le château a été détruit par un incendie et reconstruit à l'identique.
e) Je vis très nettement le fantôme que mon frère avait entrevu la veille.
f) Le guide nous apprit que la forteresse avait été bâtie au douzième siècle.

23 OU/OÙ ; ON/ONT

• Il ne faut pas confondre la conjonction de coordination **ou** et le pronom (relatif ou interrogatif) **où**. On peut remplacer **ou** par ***ou bien***.
Veux-tu une gomme **ou** (*ou bien*) un effaceur ? – Il neigeait le jour **où** (~~*ou bien*~~) je suis né. – **Où** (~~*ou bien*~~) habites-tu ?

• Il ne faut pas confondre le pronom personnel **on** et **ont** du verbe *avoir* au présent. On peut remplacer **on** par ***il*** et **ont** par ***avaient***.
On (*il*) a gagné ! – Ils ont (*avaient*) gagné !

Dictée de phrases 1 *

a) Où allons-nous ? Chez toi ou chez moi ?
b) Par où passes-tu pour aller au collège ?
c) Ou je regarde un DVD à la maison, ou je joue au foot dans le parc.

Dictée de phrases 2 *

a) On a pris le train de midi et on arrivera pour le goûter.
b) Mes voisins ont installé un crocodile dans leur baignoire.
c) On est allé(s) au cinéma, puis on est rentré(s) à la maison.
d) Les vagues ont détruit le château de sable qu'on avait construit.

Dictée de phrases 3 **

a) Ou on va à la piscine, ou on va à la patinoire.
b) On doit regarder où on met les pieds quand on marche.
c) Veux-tu du gâteau au chocolat ou de la tarte aux fraises ?
d) On ne sait pas où est mon chat ; on le cherche depuis une heure.
e) Mes parents ont enfin décidé où ils allaient partir en vacances !

Dictée de phrases 4 **

a) On a rencontré notre professeur d'histoire sur la plage.
b) Les oiseaux ont déjà mangé toutes les graines.
c) Les maçons ont réparé le mur qu'on avait heurté.
d) On acclame les joueurs qui ont remporté le match.
e) Nadine et Jules ont oublié leurs chaussures de sport dans le bus ou le gymnase.
f) On aime toujours mieux discuter avec les personnes qui ont le sourire.
g) À l'époque où mes parents sont nés, on était déjà allé sur la Lune.

Dictée de phrases 5 ***

a) Tes amis ont pensé à toi et t'ont apporté les devoirs.
b) On a du retard parce qu'on a manqué le bus de 14 (quatorze) heures.
c) Je préparerai des grillades ou un rôti et on verra si vous avez faim.
d) Où pensez-vous aller en vacances ? sur Mars ou sur Vénus ?
e) On le sait bien : minuit est l'heure où apparaissent les fantômes.
f) À l'âge où les bébés marchent à quatre pattes, mon petit frère parlait déjà latin !
g) On a promis à nos cousins de venir les voir ou de les inviter.

24 PRÉFIXES ET SUFFIXES

• Le **préfixe**, soudé au radical, est placé au début du mot.
ac- → accrocher, acclimater ; pré- → prévoir, préméditer ; ir- → irrégulier, irréfléchi ; in- → inconnu, impossible ; il- → illégal, illisible

• Le **suffixe**, soudé au radical, est placé à la fin du mot.
-ure → coiffure, monture ; -ard → campagnard, montagnard ;
-eux → courageux, peureux ; -eur → contrôleur, baigneur ;
-tion → hésitation, attention ; -âtre → blanchâtre, verdâtre

Dictée de phrases 1 *

a) Lorsqu'il fait chaud, il faut prendre des précautions pour éviter l'insolation.
b) Cette plante aime le soleil et ne s'acclimatera pas ici.
c) Cette faute est impardonnable.

Dictée de phrases 2 *

a) Ce chien est vraiment trop peureux.
b) Le chevalier se dressa fièrement sur sa monture.
c) L'agitation règne dans la cour de récréation des petits.
d) Les rideaux sont grisâtres ; il est temps de les laver.

Dictée de phrases 3 **

a) Le piratage des DVD est totalement illégal.
b) Dans le train, le contrôleur peut vous renseigner.
c) Tu écris beaucoup trop petit ; ton devoir est illisible.
d) Quand je veux travailler, mon chat accapare toute mon attention.
e) Pour tout achat, un bon de réduction immédiate vous sera remis.

Dictée de phrases 4 **

a) La panthère restait immobile face au dompteur.
b) Il est impossible de manquer cette exposition !
c) Tu ne réfléchis pas et tu agis de façon irresponsable.
d) Vous trouverez le charcutier entre la boucherie et la boulangerie.
e) Dans les régions chaudes et sèches, la végétation est rare.
f) J'ai bien l'intention de faire bonne impression lors de mon entretien.
g) Les apiculteurs se plaignent de la pollution qui tue les abeilles.

Dictée de phrases 5 ***

a) Attention ! la baignade est dangereuse sur cette plage.
b) Il faut faire confiance aux montagnards qui connaissent bien la région.
c) La fillette habitait une coquette maisonnette en pain d'épices et gaufrettes.
d) Les insecticides et les pesticides constituent-ils une menace pour notre santé ?
e) Votre comportement vis-à-vis de vos camarades est irréfléchi et inacceptable.
f) L'équipe des Bordelais et celle des Lyonnais s'affrontent dimanche prochain.
g) Les Londoniens comme les Parisiens passent du temps dans le métro.

Dictées de révision des règles 21 à 24

L'orthographe des mots ou noms propres signalés par un astérisque est à indiquer.

Dictée 1 Révision des règles 21 et 23

– On t'attend ! s'exclama une jeune fille rousse au bas de l'escalier. Où es-tu Bob ?
Bob ne répondit pas. Il s'approcha de la porte puis se tint immobile, hésitant.
– On sort se promener avec des amis du club. Ils ont proposé de faire un tour sur la plage ; on fera une partie de volley ou on se baignera. Viens donc avec nous !
Bob se dit qu'il aimait bien se promener mais qu'il jouait mal au volley. Il se souvint du jour où il avait buté contre une pierre en voulant rattraper le ballon. Ridicule !

Dictée 2 Révision des règles 22 et 24

Il est impossible de remonter dans le temps ; les événements antérieurs sont inaccessibles. Pourtant, hier, j'ai fermé les yeux et construit dans ma tête une machine à remonter le temps. Je me suis assis aux commandes et j'ai tourné la clé. Dans un grand tourbillon, je suis parti vers le passé. J'étais un enfant de six ans et j'avais bâti une grande tour avec mon jeu de construction. Je m'imaginais qu'en montant en haut de la tour, on pouvait se lancer dans le futur. Maman avait ri et dit qu'il était impossible de se projeter ainsi dans l'avenir...

Dictée 3 Révision des règles 22 et 23

L'enfant se mit à pleurer. Sa mère poursuivit : « Tu n'as pas bien compris ce que je t'ai dit la semaine dernière ou bien tu n'as pas voulu le comprendre. Je n'ai jamais voulu te faire de la peine, mais tu n'as pas tenu compte de ce que je t'ai demandé. Tu n'as pas mis tes affaires en ordre et on ne sait pas où se trouvent tes cahiers et tes livres. Ou tu ranges cette chambre aujourd'hui, ou tu seras puni. As-tu saisi cette fois-ci ? »

Dictée 4 Révision des règles 21 à 23

Noémie alla sur sa messagerie. Elle n'avait reçu aucun message depuis celui où Jeanne l'invitait à son anniversaire. Elle n'avait pas encore répondu car elle se demandait si sa mère serait d'accord. N'ayant pas bien appris ses leçons ce mois-ci, elle avait obtenu de mauvais résultats. « Ou tu te mets au travail, ou je te prive de sortie », lui avait-on dit. Noémie avait alors promis de travailler. Elle soupira et écrivit à Jeanne : « Quand j'aurai réussi un contrôle et eu une bonne note, je **pourrai** demander la permission à ma mère. »

Le verbe ***pouvoir*** prend deux **r** au futur et au présent du conditionnel, ainsi que les verbes ***courir*** et ***mourir*** : je pourrai/pourrais ; je courrai/courrais ; je mourrai/mourrais.

Dictée 5 Révision des règles 21 à 24 Piste 6

Robinson Crusoé* se retrouva seul survivant du naufrage. Tout l'équipage avait péri et lui seul, accroché à une planche, avait atterri sur le rivage. Où se trouvait-il ? Une terre accueillante ou dangereuse ? **Impossible** de le savoir. On pouvait juste poser la question. Robinson devait chercher de l'eau douce et de la nourriture. Vers où diriger ses pas ? Le désespoir remplit son cœur un instant, mais il le chassa car la survie devait être sa préoccupation première. Engourdi de fatigue, il fit quelques pas sur la plage.

Devant **m**, **b**, **p**, le **n** se transforme en **m** ; c'est ce qui se passe avec le préfixe **in-** : impossible.

Dictées de révision des règles 1 à 24

Dictée 6 Révision des règles 14, 15, 21 et 22

Orphée* était un grand musicien qui chantait en s'accompagnant de sa lyre*. Ses chants étaient si beaux que les arbres et les pierres le suivaient. Le jeune homme tomba **amoureux** d'Eurydice* ; le jour du mariage, la jeune femme mourut, mordue par un serpent. Orphée fut inconsolable. Il décida d'aller chercher Eurydice dans le domaine des morts. Il charma Cerbère*, le chien à trois têtes, et s'avança dans le royaume des ombres tandis que se lamentaient les âmes des morts. Il était bien décidé à repartir avec Eurydice.

Les adjectifs qui se terminent au masculin singulier par ***-eux*** ont leur féminin en ***-euse*** : amoureux/amoureuse ; heureux/heureuse ; peureux/peureuse.

Dictée 7 Révision des règles 12, 21 à 23

Orphée* ne s'arrêta pas pour écouter gémir les âmes ; il se prosterna devant Hadès*, le dieu des Enfers, et chanta. Réjoui, Hadès demanda ce qu'on attendait de lui.
– Je voudrais Eurydice*, ma femme, répondit Orphée. Où se trouve-t-elle ?
– Pour te remercier de ton chant, je vais te rendre Eurydice, mais tu devras me faire confiance et ne pas te retourner jusqu'à ta sortie. Je remercie toujours ceux qui ont confiance en moi.
Orphée promit d'obéir et partit. Mais, pris d'un doute, il se retourna et Eurydice disparut.

Dictée 8 Révision des règles 3, 17, 23 et 24

On ne parlait partout que de la beauté de l'aînée et de l'esprit de la cadette. Il est vrai aussi que leurs défauts augmentèrent beaucoup avec l'âge. La cadette enlaidissait à vue d'œil, et l'aînée devenait plus stupide de jour en jour. Ou elle ne répondait rien à ce qu'on lui demandait, ou elle disait une sottise. [...] D'abord on allait du côté de la plus belle pour la voir et pour l'admirer, mais bientôt après on allait à celle qui avait le plus d'esprit pour lui entendre dire mille choses agréables.

Charles Perrault, *Riquet à la houppe.*

Dictée 9 Révision des règles 2 et 21 à 23

Le père Grandet est très avare.*
Grandet tira de son gousset un couteau de corne à grosse lame, coupa une tartine, prit un peu de beurre, l'étendit soigneusement et se mit à manger debout. En ce moment, Charles sucrait son café. Le père Grandet aperçut les morceaux de sucre, examina sa femme qui pâlit, et fit trois pas ; il se pencha vers l'oreille de la pauvre vieille, et lui dit :
– Où donc avez-vous pris tout ce sucre ?

Balzac, *Eugénie Grandet.*

Dictée 10 Révision des règles 12, 14, 21 et 23

Le terrier se présentait d'abord droit comme un tunnel, puis plongeait soudainement, si soudainement qu'Alice n'eut pas un instant pour songer à s'arrêter avant de se retrouver en train de tomber dans un puits très profond.
Très profond en effet, ou alors elle tomba très lentement, car elle eut tout le temps, lors de sa chute, de regarder alentour et de se demander ce qui allait suivre. D'abord elle essaya de voir en bas où elle allait arriver, mais il faisait trop sombre.

Lewis Carroll, *Alice au pays des merveilles*, traduction de Daniel Bismuth, coll. « Bibliocollège », Hachette Éducation.

25 LES AUXILIAIRES AUX TEMPS SIMPLES DE L'INDICATIF

- ***Avoir*** au **présent** : *j'ai, tu as, il a, nous avons, vous avez, ils ont.*
– Au **futur simple** : *j'aurai, tu auras, il aura, nous aurons, vous aurez, ils auront.*
– À l'**imparfait** : *j'avais, tu avais, il avait, nous avions, vous aviez, ils avaient.*
– Au **passé simple** : *j'eus, tu eus, il eut, nous eûmes, vous eûtes, ils eurent.*
Ne pas confondre le participe passé **eu** et le passé simple **eus/eut**.
- ***Être*** au **présent** : *je suis, tu es, il est, nous sommes, vous êtes, ils sont.*
– Au **futur simple** : *je serai, tu seras, il sera, nous serons, vous serez, ils seront.*
Ne pas confondre *être* et *savoir* : je **serai** (*suis*) là ; je **saurai** (*sais*) cette règle.
– À l'**imparfait** : *j'étais, tu étais, il était, nous étions, vous étiez, ils étaient.*
Ne pas confondre le participe passé **été** et l'imparfait **étais/était/étaient**.
– Au **passé simple** : *je fus, tu fus, il fut, nous fûmes, vous fûtes, ils furent.*
- Ne pas confondre *être* et *avoir* : tu **es**, il **est**, j'**ai**.

Dictée de phrases 1 *

a) J'ai une nouvelle paire de chaussures !
b) Autrefois, nous n'avions pas classe le mercredi.
c) Nous aurons un chat à Noël ; tu as entendu ma mère le dire.

Dictée de phrases 2 *

a) Les coureurs sont tous sur la ligne de départ.
b) C'est ma sœur qui est la championne du collège.
c) Vous étiez en cours de maths quand Marc est arrivé.
d) À quelle heure seras-tu revenu(e) de ta leçon de judo ?

Dictée de phrases 3 **

a) Quand José eut fini son travail, il alla rejoindre ses amis.
b) Marie et Jessica n'étaient pas à l'entraînement hier soir.
c) Tom a été très content que vous assistiez à son match.
d) Tu as eu une très bonne idée en nous proposant cette promenade.

Dictée de phrases 4 **

a) Quand j'aurai compris la règle, je saurai jouer.
b) Qui est entré dans ma chambre et a pris mes ciseaux ?
c) Es-tu d'accord pour nous accompagner à la patinoire ?
d) C'est moi qui ai préparé le déjeuner aujourd'hui.
e) J'ai appris que tu es le vainqueur du tournoi de tennis.

Dictée de phrases 5 ***

a) Tu dis que c'est moi qui ai pris tes ciseaux, mais c'est faux.
b) Nous serons très contents quand tu sauras ton rôle par cœur.
c) Ce n'est pas moi qui ai divulgué ton secret à toute la classe.
d) Qui es-tu pour te permettre de faire de telles observations aux autres ?
e) C'est toi qui as eu l'idée de ce repas, mais c'est moi qui ai fait les courses.

LES VERBES EN *-CER*, *-GER*, *-ELER* ET *-ETER*

26

• Les verbes en ***-cer*** prennent une **cédille** devant une terminaison commençant par un **a** ou un **o** : nous plaçons, je traçais, il avança.

• Les verbes en ***-ger*** ajoutent un **-e** devant une terminaison commençant par un **a** ou un **o** : nous plongeons, je nageais, il rangea.

• Les verbes ***appeler*** et ***jeter***, ainsi que ceux de leur famille, doublent le **l** ou le **t** pour marquer le son « **è** » : j'appelle/nous appelons, je jette/nous jetons ; j'appellerai, nous appellerons, je jetterai, nous jetterons ; j'appelais, je jetais

• Les autres verbes en ***-eler*** (*amonceler, geler, modeler, peler...*) et ***-eter*** (*haleter, acheter, fureter...*) ne doublent pas la consonne et prennent un accent sur le **e**. je gèle/nous gelons ; je modèle/nous modelons ; j'achète/nous achèterons

Dictée de phrases 1 *

a) Le skieur s'élança sans hésiter sur la piste noire.
b) Quand j'étais petit, je suçais mon pouce pour m'endormir.
c) Martin est ébéniste ; son père exerçait déjà ce métier.

Dictée de phrases 2 *

a) Il neigeait aussi l'année dernière à la même époque.
b) Le bus est complet et nous voyageons debout.
c) Nous partageons le gâteau en six et nous distribuons les parts.
d) Nathalie jugea plus prudent de vérifier l'information.

Dictée de phrases 3 **

a) Ma mère attend un bébé ; il s'appellera Gabriel.
b) Ne jetez pas vos papiers par terre mais dans la poubelle.
c) Je ne suis pas du tout d'accord : je rejette cette solution.
d) Nous appelons notre chien Titus. Comment s'appelle le vôtre ?

Dictée de phrases 4 **

a) L'avion amorça sa descente malgré le brouillard.
b) Demain, j'achèterai des graines pour mes oiseaux.
c) Nous traçons un carré de quatre centimètres de côté.
d) Le présentateur annonça que le spectacle était reporté au lendemain.
e) Je congèle les framboises et les mûres car nous en avons beaucoup.

Dictée de phrases 5 ***

a) Si tu veux, j'épelle mon nom pour que tu l'écrives correctement.
b) Nous vous annonçons que nous déménageons le mois prochain.
c) Cela fait une heure que nous attendons le bus et nous gelons !
d) Pourquoi déplacez-vous ces meubles ? Protégeons-les au moins !
e) Notre club s'appelle « Tous pour un » : nous partageons tout, enfin presque tout.
f) La fourmi ne jetait rien et mangeait l'hiver la nourriture amoncelée l'été.

27 LES ACCORDS À LA VOIX PASSIVE

Les verbes qui admettent un COD peuvent se mettre à la **voix passive**.

• À la voix passive, le sujet subit l'action effectuée par le complément d'agent.

La foule	applaudit	notre équipe.	→ Notre équipe	**est applaudie**	par la foule.
sujet	verbe à la voix active	COD	sujet	verbe à la voix passive	complément d'agent

• À la voix passive, le verbe se conjugue avec l'auxiliaire ***être*** et le participe passé s'accorde **en genre** et **en nombre** avec le sujet.

Elle fut félicitée. – Ils seront récompensés. – Elles ont été encouragées.

Dictée de phrases 1 *

a) Les joueurs sont chaleureusement applaudis.
b) Nadine est félicitée pour son exploit sportif.
c) Deux vendeurs sont demandés au rayon « tennis » du magasin.

Dictée de phrases 2 *

a) Sandra sera récompensée de ses efforts.
b) Nathalie fut frappée d'étonnement en ouvrant ses volets.
c) Les documents seront imprimés en noir et blanc.
d) Les polos et les pulls étaient pliés dans l'armoire.

Dictée de phrases 3 **

a) Ces sacs ont été oubliés à l'entrée du magasin.
b) Marc et Solène sont sélectionnés pour le cross académique.
c) Les caves auront été inondées durant le dernier orage.
d) Des bruits étranges ont été entendus dans le grenier.
e) Des fantômes avaient déjà été observés dans ce château.

Dictée de phrases 4 **

a) Les ballons seront soigneusement entreposés au fond du gymnase.
b) Nous sommes ravis de voir que nos conseils ont été suivis.
c) Les correspondants anglais sont reçus par des familles très accueillantes.
d) Les places des deux premiers rangs ont déjà été réservées.
e) La pluie fut telle que nos vêtements furent trempés en un instant.
f) Les deux chats fugueurs avaient été aperçus près de la poissonnerie.

Dictée de phrases 5 ***

a) Antoine et moi avions été désignés pour diriger les débats.
b) Les billets seront mis en vente deux mois avant le match.
c) Quelle mission secrète t'a été confiée cette fois-ci ?
d) Les témoins seront entendus demain dans le cadre de l'enquête.
e) Cette paire de chaussettes a été oubliée dans le vestiaire lundi dernier.
f) Pourquoi cette porte avait-elle été fermée à clé la veille du crime ?
g) Dès que ces leçons auront été apprises et ces exercices faits, tu appelleras Léa.

MUR/MÛR ; VERRE/VERT/VERS... 28

On distingue :
– le **mur** de la maison ; le fruit **mûr**/les cerises **mûres** ;
– le **verre** pour boire ; le **ver** de terre ; le **vers** de 12 syllabes est un alexandrin ; il se dirige **vers** le jardin ; un pull **vert** ;
– un **cou** de girafe ; le **coût** de la vie ; un **coup** de poing/tout à **coup** ;
– la **cour** du roi ; un **cours** de maths ; un **court** de tennis ; un **court** instant ;
– l'**ancre** du navire ; l'**encre** du stylo ;
– la **chaîne** du vélo ; le **chêne** dans la forêt ;
– un **chant** à plusieurs voix ; un **champ** de blé ;
– une **voie** sans issue ; une **voix** enrouée.

Dictée de phrases 1 *

a) Vous ne devez pas escalader ce mur.
b) Il faut attendre que les fruits soient mûrs pour les manger.
c) Les cerises sont trop mûres maintenant ; c'est dommage !

Dictée de phrases 2 *

a) Le vert est la couleur de l'Irlande.
b) Attention : mon téléphone est fragile comme du verre !
c) Je dois apprendre six vers de ce poème pour demain.
d) J'ai vu un ver de terre sur un banc au fond du jardin.

Dictée de phrases 3 **

a) Le champ de ma vision est réduit par ce mur.
b) Ce chant est très mélodieux, mais je le trouve triste.
c) Le coût de ces jeux vidéo est bien trop élevé.
d) Nous cherchons des vers pour aller à la pêche.
e) Tout à coup, une voix a retenti dans la cour de récréation.

Dictée de phrases 4 **

a) As-tu une cartouche d'encre bleue à me prêter ?
b) L'ancre d'un ancien navire est exposée devant la mairie.
c) En septembre, vous pouvez cueillir des mûres.
d) Harry boit un verre de jus d'orange chaque matin.
e) Retrouvons-nous dans une heure sur le court de tennis.
f) L'Everest est un des sommets de la chaîne de l'Himalaya.

Dictée de phrases 5 ***

a) Tu as grandi et ton pull vert est trop court.
b) Il est dangereux de marcher le long de la voie ferrée.
c) À la cour de Versailles, les courtisans doivent plaire au roi.
d) En allant vers le fond du parc, vous admirerez des chênes centenaires.
e) Je relève, dans les dix premiers vers du texte, le champ lexical de la campagne.
f) J'ai entendu, dans la cour, le chant d'un enfant qui avait une voix magnifique.

Dictées de révision des règles 25 à 28

L'orthographe des mots ou noms propres signalés par un astérisque est à indiquer.

Dictée 1 Révision des règles 25 et 27

Ulysse* et ses compagnons sont enfermés dans la grotte d'un Cyclope* qui a décidé de tous les manger. Les compagnons sont saisis de frayeur. Ulysse a eu l'idée de donner du vin à boire au géant et ce dernier s'est endormi. Des troncs d'arbres sont entreposés dans un coin et Ulysse en a choisi un pour le tailler en pointe. Quand le pieu est prêt, les compagnons le chauffent dans les braises puis s'approchent du géant endormi. En crevant l'œil unique du monstre, réussiront-ils à échapper à sa **cruauté** ?

Les mots féminins terminés par **-té** ne prennent pas de **e** : la cruau**té**, la réali**té**.
Ne pas confondre les suffixes **-té** et **-ée** : une mont**ée**, une dict**ée**.

Dictée 2 Révision des règles 26 et 27

Nous avancions en file indienne sur le chemin étroit et pentu. La veille, nous avions été guidés par Marco et c'était Pierre qui avait pris la relève à la tête de notre petit groupe. La montagne était abrupte et nous étions fascinés par sa beauté.
– Pierre ! appela Myriam. Je voudrais m'arrêter une seconde.
La chenille que nous formions s'immobilisa et Myriam laça sa chaussure de marche.
– En route ! lança-t-elle.

Dictée 3 Révision des règles 26 et 28

– Journée « porte ouverte » dans ma chambre ! Je vous appelle tous ! Je trie et je jette : venez prendre ce qui vous intéresse !
– Personne ne veut des fruits trop mûrs qui sont sur ton bureau ! Mais, si tu donnes ta bouteille d'encre de Chine, je la veux bien. Et ce livre sur l'élevage du ver à soie, est-ce que je peux le prendre ?
– Non. Partageons plutôt la collection de timbres !
– Pas du tout : elle est à moi !

Dictée 4 Révision des règles 26 à 28

Nous nous dirigeons vers le chalet appelé *Chaîne de l'Himalaya*. Le nom est bien ambitieux pour un tout petit bâtiment aux volets verts. Un mur qu'un enfant peut franchir d'un **bond** délimite le jardin où deux balançoires ont été installées. Nous sommes bien loin de l'Everest, mais l'endroit semble agréable. Mes deux petits frères **bondissent** hors de la voiture, mais mon père les rappelle. Nous commençons à décharger les valises. Nicolas a disparu dans sa chambre. Je l'aperçois qui lace déjà ses chaussures de randonnée.
– Je suis prêt ! lance-t-il.

La dernière lettre d'un nom se retrouve dans les mots de la même famille : un bon**d**/bon**d**ir.

Dictée 5 Révision des règles 25 à 28

Piste 7

Gilgamesh* et Enkidu* avaient tué le gardien de la forêt de Cèdres. Pour les punir, le puissant dieu Enlil* décida de faire mourir Enkidu. Une maladie mortelle lui fut envoyée et les efforts de Gilgamesh pour sauver son ami ne furent pas récompensés. Enkidu mourut et le roi, songeant qu'il allait aussi mourir un jour, renonça à la vie qu'il menait et annonça à son peuple qu'il partait vers le bout du monde. Sa voix, remplie de chagrin, tremblait et personne ne bougea pour le retenir. Il voyagea longtemps en quête de l'immortalité.

Dictées de révision des règles 1 à 28

Dictée 6 Révision des règles 2, 14, 27 et 28

Au coin de ma rue, un curieux vieux monsieur a ouvert un magasin plus curieux encore. On y trouve de tout. Vous voulez un livre de cuisine en vers ? En voici un tout en alexandrins. Vous avez besoin d'un ver de terre géant pour pêcher des serpents de mer ? En voici un dans un bocal, mais son coût est élevé. Les clients sont souvent tentés par une chaîne en bulles de savon pour mettre autour de leur cou. Ou ils sont séduits par la chaîne de cette ancre qui appartenait au navire de Barbe-Noire. Et pourquoi pas cette encre violette qui évite les fautes ? Et si, tout simplement, vous osiez goûter à ces fraises bien mûres...

Dictée 7 Révision des règles 21, 22, 26 et 27

Ulysse* et ses compagnons avaient crevé l'œil du dangereux Cyclope* et devaient quitter la grotte. « Nous sommes abandonnés par les dieux », gémirent les marins qui commençaient à perdre courage. Mais Ulysse **les** rappela à l'ordre : « Si vous êtes saisis par le désespoir, dit-il, vous serez dévorés par le monstre ; nous allons nous attacher sous le ventre des brebis et nous sortirons avec le troupeau quand la lourde pierre qui ferme l'entrée aura été déplacée. » Le Cyclope aveugle roula la pierre et fit sortir ses bêtes. Il fut trompé par la ruse du divin Ulysse et ne vit pas les marins cachés sous les brebis.

Les placé devant un verbe est un pronom personnel COD qui ne commande pas la terminaison du verbe : il **les** touchait ; il **les** regarde...

Dictée 8 Révision des règles 3, 21, 26 et 28

Émilie se dirigeait vers le collège quand elle s'aperçut qu'un de ses lacets était dénoué. Elle se pencha vers sa chaussure et, tandis qu'elle la laçait, elle vit un curieux ver de terre qui avançait à vive allure. Elle oublia le collège et commença à le suivre. Il s'arrêta brusquement et mangea une groseille bien mûre qui était tombée sur le trottoir. Il jeta un coup d'œil derrière lui, vit Émilie, lui dit bonjour d'une toute petite voix et disparut dans un mur.

Dictée 9 Révision des règles 2, 15, 21 et 27

L'omelette était prête ; nous nous mîmes à table et nous mangions en silence quand la porte d'entrée fut poussée... et une vieille femme, habillée de haillons, appuyée sur un bâton, la tête branlante, les cheveux qui pendaient en mèches folles sur le front encrassé, se montra sur le seuil.

Gaston Leroux, *Le Mystère de la chambre jaune.*

Dictée 10 Révision des règles 19, 21, 25 et 27

La porte extérieure était restée ouverte et le capitaine Nemo la referma dès que nous **fûmes** rentrés dans la première cellule. [...] La porte intérieure s'ouvrit alors, et nous **passâmes** dans le vestiaire.

Là nos habits de scaphandre furent retirés, non sans peine, et très harassé*, tombant d'inanition* et de sommeil, je regagnai ma chambre tout émerveillé de cette surprenante excursion au fond des mers.

Jules Verne, *Vingt Mille Lieues sous les mers.*

Au **passé simple**, attention à l'accent circonflexe aux deux premières personnes du pluriel : nous f**û**mes, vous f**û**tes ; nous pass**â**mes, vous pass**â**tes.

29 LES TEMPS COMPOSÉS DE L'INDICATIF

Chaque temps simple de l'indicatif permet de former un temps composé.

- Le **passé composé** : l'auxiliaire est au présent.
j'**ai** parlé, nous **avons** parlé ; je **suis** venu(e), nous **sommes** venu(e)s
- Le **plus-que-parfait** : l'auxiliaire est à l'imparfait.
j'**avais** parlé, nous **avions** parlé ; j'**étais** venu(e), nous **étions** venu(e)s
- Le **futur antérieur** : l'auxiliaire est au futur simple.
j'**aurai** parlé, nous **aurons** parlé ; je **serai** venu(e), nous **serons** venu(e)s
- Le **passé antérieur** : l'auxiliaire est au passé simple.
j'**eus** parlé, nous **eûmes** parlé ; je **fus** venu(e), nous **fûmes** venu(e)s
- Avec l'auxiliaire ***être***, on accorde le participe passé avec le sujet (voir leçon 31).

Dictée de phrases 1 *

a) J'ai acheté un nouveau classeur pour la technologie.
b) Ma petite sœur a cassé toute une pile d'assiettes.
c) Pourquoi as-tu rangé mon cartable dans l'armoire ?

Dictée de phrases 2 *

a) Nous avions déjà entendu cette histoire drôle.
b) Les spécialistes avaient annoncé cette tempête depuis trois jours.
c) Tu avais promis à ton petit cousin de l'emmener au cirque.
d) Vous aviez imaginé une machine pour voyager dans le temps.

Dictée de phrases 3 **

a) Qui a emporté par mégarde mon livre de géographie ?
b) Quand tu auras fini, pourras-tu venir m'aider ?
c) Quand il eut débarqué du bateau, Augustin se sentit mieux.
d) Lorsque nous aurons fait le tour du zoo, nous vous retrouverons ici.

Dictée de phrases 4 **

a) Notre classe est arrivée en tête de la compétition.
b) Mes grands-parents étaient venus nous voir en train.
c) Comment aviez-vous trouvé votre chemin dans ce labyrinthe ?
d) La météo ayant prédit le retour du froid, avais-tu pensé à emporter des gants ?
e) Dès que vous serez arrivés, Vincent et toi, je vous montrerai mon chien.

Dictée de phrases 5 ***

a) Estelle et Myriam se sont promenées le long du fleuve.
b) Le principal a averti tout le collège de la venue d'une équipe de journalistes.
c) Dès que Natacha fut rentrée chez elle, ses amis vinrent la voir.
d) Pourquoi les vulcanologues n'avaient-ils pas pu prévoir cette catastrophe ?
e) Laquelle parmi vous est déjà allée en Angleterre ?
f) Léa n'a pas eu de chance : elle est tombée malade le premier jour des vacances !

30 LES VERBES *ALLER, S'ASSEOIR, DIRE, FAIRE, SAVOIR* ET *VOULOIR*

• ***Aller*** : je **vais**, nous allons (*présent*) ; j'irai (*futur*) ; j'allais (*imparfait*) ; j'allai (*passé simple*).

• ***S'asseoir*** : je **m'assois/m'assieds**, nous nous asseyons (*présent*) ; je **m'assoirai/m'assiérai** (*futur*) ; je m'asseyais (*imparfait*) ; je m'assis (*passé simple*).

• ***Dire*** : je dis, nous disons, vous **dites** (*présent*) ; je dirai (*futur*) ; je disais, nous disions (*imparfait*) ; je dis, nous dîmes (*passé simple*).

• ***Faire*** : je fais, nous f**ai**sons, vous **faites** (*présent*) ; je f**e**rai (*futur*) ; je f**ai**sais, nous f**ai**sions (*imparfait*) ; je fis, nous fîmes (*passé simple*).

• ***Savoir*** : je sais, nous savons (*présent*) ; je **saurai** (*futur*) ; je savais, nous savions (*imparfait*) ; je sus, nous sûmes (*passé simple*).

• ***Vouloir*** : je veux, nous voulons (*présent*) ; je **voudrai** (*futur*) ; je voulais, nous voulions (*imparfait*) ; je voulus, nous voulûmes (*passé simple*).

Dictée de phrases 1 *

a) Demain, nous irons en excursion en Touraine.
b) Il s'assied sur ses talons pour parler à son chien.
c) Ma grand-mère s'asseyait toujours dans le même fauteuil.

Dictée de phrases 2 *

a) Les journalistes disent qu'il a beaucoup plu cet hiver.
b) Que faisiez-vous, hier, dans le gymnase du collège ?
c) Nous ne ferons pas demain ce que nous faisions autrefois.
d) Vous ne faites jamais ce que vous dites !

Dictée de phrases 3 **

a) Voulez-vous goûter ce gâteau aux abricots ?
b) Si le professeur me pose des questions, je ne saurai pas répondre.
c) Veux-tu t'inscrire dans notre club « théâtre » ?
d) Quand tu sauras cette leçon, tu seras prêt pour le contrôle.

Dictée de phrases 4 **

a) Jean-Baptiste sait ce qu'il veut et le dit haut et fort.
b) Hercule Poirot interrogea le jeune homme qui ne sut que répondre.
c) Pourquoi dites-vous qu'il va pleuvoir aujourd'hui ? Qu'en savez-vous ?
d) Je visiterai la cabine de pilotage et je m'assiérai à la place du pilote.

Dictée de phrases 5 ***

a) Nous nous assoirons confortablement car le voyage sera long.
b) Si vous me dites que vous venez certainement, je vous réserve une place.
c) Jacques va au fond de la salle ; il s'assied et fait des mots croisés.
d) Mon grand-père fera demain la même chose que ce qu'il faisait hier.
e) Ne vous en faites pas : vous vous assiérez si vous le voulez.

31 L'ACCORD DU PARTICIPE PASSÉ (1)

• Employé **sans auxiliaire**, le **participe passé s'accorde** comme un adjectif qualificatif **avec le nom** auquel il se rapporte.
Fatigués, **les** enfants dorment déjà. (*Qui est-ce qui est fatigué ? Les enfants.*)

• Employé avec l'auxiliaire ***être***, le participe passé s'accorde **avec le sujet**.
Myriam est revenue. (*Qui est-ce qui est revenu ? Myriam.*) – **Mes** amis sont arrivés. – **Les** joueurs ont été félicités.

• Employé avec ***avoir***, le participe passé ne s'accorde **pas avec le sujet**.
Myriam a joué aux échecs avec son frère ; ils n'ont pas terminé la partie.

Dictée de phrases 1 *

a) Troublés dans leur repas, les singes nous tournèrent le dos.
b) Ses devoirs terminés, Sonia prépara son cartable.
c) Les randonneurs, partis de bonne heure, arrivèrent vers midi.

Dictée de phrases 2 *

a) Marc et Lionel sont venus à notre rencontre.
b) Inès était habituée à se lever très tôt pour aller au collège.
c) Les garçons de notre classe sont passionnés par le rugby.
d) Hélène et Lise ne sont pas intéressées par cette activité sportive.

Dictée de phrases 3 **

a) Nous n'avions jamais entendu une histoire pareille.
b) Avez-vous préparé une surprise pour mon anniversaire ?
c) Les professeurs ont organisé un concours de dessins.
d) Pourquoi Marion est-elle partie sans demander l'autorisation ?
e) La rencontre sportive de demain est annulée en raison de la neige.

Dictée de phrases 4 **

a) Apeurés par l'orage, les oiseaux se sont cachés.
b) Nous accourions, à la fois effrayés et attirés par le bruit.
c) Qui a pensé à arroser les plantes sur le balcon ?
d) Jeanne était endormie, la couette tirée jusqu'au menton.
e) Notre équipe est entraînée et elle a déjà remporté plusieurs matchs.
f) Ulysse et Jason sont des héros grecs connus ; ils ont beaucoup voyagé.

Dictée de phrases 5 ***

a) Élodie a appris à nager très jeune et a remporté des compétitions.
b) J'ai expliqué aux petits la règle du jeu, mais ils n'ont rien compris.
c) Interrompue en raison de la pluie, la compétition a rapidement repris.
d) Mes cousines ont attrapé la varicelle et elles sont couvertes de boutons.
e) Des arbres ont été abattus par la tempête qui a sévi dimanche dernier.
f) Poussés par la curiosité, Ulysse et ses marins ont débarqué sur l'île du Cyclope.
g) Les joueurs sont entrés sur le terrain et ont salué les spectateurs.

PEU/PEUT/PEUX ; PEUT-ÊTRE/PEUT ÊTRE

32

• Il ne faut pas confondre l'adverbe **peu** et les formes **peux** ou **peut** du verbe *pouvoir* au présent de l'indicatif. **Peux** et **peut** peuvent être remplacés par ***pouvais*** et ***pouvait***.
J'ai vu **peu** d'oiseaux de cette sorte. Je ne **peux** (*pouvais*) les identifier.

• Il ne faut pas confondre l'adverbe **peut-être** et la forme verbale **peut être**. On peut mettre ***probablement*** à la place de **peut-être** et ***pouvait être*** à la place de **peut être**.
Le directeur sera **peut-être** (*probablement*) là. – Le médecin **peut être** (*pouvait être*) appelé à tout moment.

Dictée de phrases 1 *

a) Peux-tu me rappeler où se trouve la boulangerie ?
b) Il y a peu de chances pour que je vienne avec vous au cinéma.
c) Je ne peux pas du tout être là à 5 (cinq) heures.

Dictée de phrases 2 *

a) Prenez un parapluie car il peut pleuvoir.
b) Voulez-vous encore un peu de beurre et un peu de confiture ?
c) Je ne peux pas lire sans lunettes ; peux-tu m'aider ?
d) Je reprends encore un peu de gâteau car il est délicieux.

Dictée de phrases 3 **

a) Je viendrai peut-être à la piscine avec vous.
b) Est-ce que je peux vous donner un coup de main ?
c) Inès peut être au CDI ou bien en permanence.
d) Le temps peut changer rapidement et il va peut-être neiger ce soir.
e) Pour ton exposé, tu peux peut-être consulter ce site.

Dictée de phrases 4 **

a) Attendons encore un peu : Sarah peut être en retard.
b) Nous devrions peut-être nous renseigner sur les horaires des bus.
c) Peu à peu, le renard s'approche du Petit Prince qui l'apprivoise.
d) Si nécessaire, vous me chercherez ; je peux être chez Victoire ou chez Morgane.
e) Peut-on avancer un peu sur ce sujet si on veut terminer ce soir ?
f) Peut-être faut-il un peu de chance pour réussir ce tour de magie.

Dictée de phrases 5 ***

a) Il se peut que nous arrivions avec un peu d'avance.
b) J'aurai peut-être besoin de vos conseils ; je peux vous appeler ?
c) Nous allons en forêt ; un peu de bon air ne peut nous faire de mal !
d) Je suis si peu adroit que je ne peux même pas changer une ampoule !
e) Qui peut me dire où je peux trouver un peu de poudre de vieille mygale ?
f) Tu peux peut-être en trouver dans la boutique « Le Sorcier qui peut tout ».

Dictées de révision des règles 29 à 32

L'orthographe des mots ou noms propres signalés par un astérisque est à indiquer.

Dictée 1 Révision des règles 29 et 31

Molière a vécu au dix-septième siècle. Fils d'un tapissier du roi, il a suivi une troupe de comédiens sur les routes de France. Cette troupe, appelée L'Illustre-Théâtre, a connu la misère avant le succès. Après une quinzaine d'années de théâtre ambulant, Molière et ses comédiens sont retournés à Paris où ils ont été repérés par le roi. Tout au long de sa carrière d'auteur et de comédien, Molière a dénoncé les prétentieux et les menteurs.

Dictée 2 Révision des règles 30 et 32

Dans la grotte, Ulysse* s'assied et répond **aux** questions du Cyclope* :
– Veux-tu me dire comment tes compagnons et toi êtes arrivés ici ? Savez-vous naviguer sur la mer grise d'écume ? Ton navire est peut-être sur la plage.
Mais Ulysse, qui ne veut pas dévoiler le secret des navires, lui dit :
– Notre noir vaisseau s'est brisé sur les rochers ; et nul ne peut le reconstruire. Les vagues vont peu à peu user les planches et il n'en restera rien.

Au est un déterminant ; au pluriel, il s'écrit **aux** : Je vais **au** collège. – Il répond **aux** questions.

Dictée 3 Révision des règles 30 et 31

L'épée *Excalibur** est fichée dans une roche et tous les chevaliers qui ont essayé de l'en retirer n'ont pas réussi. C'est l'épée royale et seul Arthur saura le faire. Devenu roi, il siègera (siégera) à la Table ronde avec les chevaliers les plus preux. Lancelot est l'un d'eux ; ses compagnons et lui se sont lancés dans des quêtes dangereuses et ont surmonté de nombreuses épreuves.

Dictée 4 Révision des règles 29, 31 et 32

Un été, mes parents ont loué une petite maison et nous avons été un peu surpris de découvrir une tortue dans le jardin. Elle se tenait le cou dressé et se demandait peut-être ce que nous faisions chez elle. Le premier jour, elle nous observait de loin. Le deuxième jour, nous nous sommes avancés vers elle et nous lui avons proposé des feuilles de salade. Elle s'est précipitée, a ouvert son bec et sorti une langue toute rose. La salade fut dévorée en moins de deux minutes.

Dictée 5 Révision des règles 29 à 32 Piste 8

Cet été, nous séjournerons au bord de la Loire. La région est réputée pour sa douceur de vivre. Une pierre calcaire très blanche a été utilisée pour construire les châteaux où les rois ont vécu. J'ai emprunté un guide à la bibliothèque et je saurai ainsi qui a habité dans cette région. J'ai fait la liste des sites que je compte visiter et **celle** des endroits que j'irai peut-être voir. Mon programme est chargé, mais je garde un peu de temps pour m'asseoir au bord de l'eau, une glace à la main.

Il faut se demander quel mot remplace le pronom démonstratif : celle (*la liste*).

Dictées de révision des règles 1 à 32

Dictée 6 **Révision des règles 12, 15, 30 et 31**

Dans l'Antiquité, les peuples qui maîtrisent la construction des navires peuvent se lancer dans le commerce. Ceux qui n'ont pas encore réussi à en bâtir se sentent menacés par les autres. Dans l'*Odyssée*, les Cyclopes n'ont rien bâti ni inventé. En effet, chacun d'eux habite dans une grotte sans se soucier des autres et ils ne savent pas construire les vaisseaux qui permettent de découvrir le monde. Ulysse* ne veut pas dire comment on fabrique un navire.

Dictée 7 **Révision des règles 3, 12, 30 et 32**

– Sais-tu où peut être le magasin étrange dont Lucas m'a parlé ?
– Tu veux peut-être parler du bazar bizarre qui s'appelle « Ici on trouve tout » ? Il n'a pas vraiment d'adresse car il est si étrange qu'il semble glisser peu à peu le long de la rue. Un jour, il remplace une boulangerie ; le lendemain, il peut se trouver à la place de la charcuterie voisine.
– Je ne vais pas croire cela. Ce ne peut pas être vrai !
– Je suis bien d'accord ; ce n'est pas possible, mais c'est pourtant ce qui se passe.

Le **z** n'est pas une lettre très courante au milieu d'un mot : un bazar, un magazine (*mais* un magasin), bizarre, douze...

Dictée 8 **Révision des règles 16, 22, 31 et 32**

Chassé par tous les animaux de la basse-cour, le vilain petit canard passe l'hiver blotti au bord d'un étang. Au printemps, les cygnes sont revenus et ont recommencé leur gracieux ballet à la surface de l'eau. Le malheureux oiseau se demande s'il peut les approcher. Il avance peu à peu dans leur direction, la tête inclinée. Alertés, les cygnes se sont retournés, mais ils sont rassurés : le vilain petit canard a découvert son reflet et il s'est redressé fièrement. Il n'est pas un canard mais un cygne !

Dictée 9 **Révision des règles 6, 19, 30 et 31**

Au collège, les travaux sont loin d'être finis. Michaël et moi sommes allés demander au CPE ce que les ouvriers faisaient au troisième étage. Nous nous sommes assis dans son bureau et il nous a dit que les salles de mathématiques étaient transformées en salles de magie. Nous allons apprendre à changer des vieux pneus en animaux et à réaliser nos vœux. Nous saurons également devenir invisibles ou microscopiques.

Dictée 10 **Révision des règles 12, 14, 29 et 31**

Placée exactement au milieu de la salle d'audience, une table supportait un grand plat de tartes : elles paraissaient si bonnes qu'Alice eut faim rien qu'en les regardant. Alice ne s'était encore jamais trouvée dans un tribunal, mais elle avait lu des choses à ce sujet dans des livres et fut ravie de constater qu'elle était à même de nommer presque tout ce qui l'environnait. « Celui-ci est le juge, se dit-elle, en raison de sa grande perruque. »

Lewis Carroll, *Alice au pays des merveilles*,
traduction de Daniel Bismuth, coll. « Bibliocollège », Hachette Éducation.

33 L'IMPÉRATIF

• L'**impératif** se conjugue à trois personnes et sans pronom de conjugaison.
prendre : prends, prenons, prenez ; **finir** : finis, finissons, finissez

• Il n'y a **pas de -s au singulier**, mais un **-e**, pour les verbes du 1er groupe, le verbe *aller*, le verbe *avoir* et des verbes comme *savoir*, *cueillir*, *ouvrir*, *offrir*.
parler : parle, parlons, parlez ; **cueillir** : cueille, cueillons, cueillez ;
offrir : offre, offrons, offrez ; **savoir** : sache, sachons, sachez ;
découvrir : découvre, découvrons, découvrez ; **avoir** : aie, ayons, ayez ;
aller : va, allons, allez ; *mais :* vas-y et va-t-en

• L'**infinitif** peut exprimer un ordre ; il ne faut pas le confondre avec l'impératif pour les verbes du 1er groupe.
frapper avant d'entrer/**frappez** avant d'entrer ; ne pas **marcher** sur la pelouse/ ne **marchez** pas sur la pelouse

Dictée de phrases 1 *

a) Ne racontez pas des histoires aussi invraisemblables.
b) Courons jusqu'au bout de l'allée puis marchons jusqu'à la grille.
c) Mélangez les jaunes avec le sucre et montez les blancs en neige.

Dictée de phrases 2 *

a) Prends une heure et réfléchis posément au problème.
b) Faites-moi le plaisir de ramasser les papiers qui sont par terre.
c) Allons rendre visite à Nicolas et apportons-lui ses devoirs.
d) Je suis en retard ; ne m'attends pas ; pars et je te rejoindrai.

Dictée de phrases 3 **

a) Apporte-moi ton carnet de liaison tout de suite.
b) Il est tard ; dépêche-toi de rentrer à la maison.
c) Va faire un tour pendant que je termine mes devoirs.
d) Attends-moi au coin de la rue et n'oublie pas ta patinette.

Dictée de phrases 4 **

a) Ne vous penchez pas ! Vous risquez de tomber.
b) Ne pas se pencher par la fenêtre.
c) Ne pas parler au conducteur du bus durant le service.
d) Traçons un cercle de centre O et de rayon 4 cm.
e) Regarde par la fenêtre si tu vois Emmanuel qui arrive.

Dictée de phrases 5 ***

a) Donne-moi un coup de main pour lancer mon cerf-volant, s'il te plaît.
b) Révise tes leçons ; aie une bonne note au contrôle et on verra.
c) Prends la rue juste à droite, puis va tout droit et tourne à gauche sur le boulevard.
d) Allez ! vas-y ! Monte en haut du plongeoir : n'hésite pas et saute !
e) « Va, cours, vole et nous venge », dit Don Diègue dans *Le Cid* de Corneille.

34 LES ADJECTIFS DE COULEUR

• La **plupart des adjectifs de couleur** s'accordent **en genre** et **en nombre** avec le nom auquel ils se rapportent ;
une chaussette vert**e**, **des** gant**s** noir**s**, **des** chaussure**s** bleu**es**

• Exceptions :
– les **adjectifs composés** sont **invariables** ;
une chaussette **vert clair**, des chaussures **bleu ciel**
– les **adjectifs** qui sont au départ une **réalité** (un végétal en général) sont invariables, sauf **mauve**, **rose**, **pourpre** et **fauve**.
des chaussures **marron**, des chaussettes **orange**, **des** gant**s** rose**s**

Dictée de phrases 1 *

a) Ma cartouche d'encre bleue est vide.
b) J'aime bien ces bracelets violets et verts.
c) J'ai mis des lacets jaunes sur mes chaussures noires.

Dictée de phrases 2 *

a) Ces écharpes jaune citron sont très lumineuses.
b) As-tu vu que Pierre porte des chaussettes rose bonbon ?
c) Ces draps bleu ciel sont très doux et plus solides que les blancs.
d) Je ne choisis pas cette paire de gants verts mais les bleu marine.

Dictée de phrases 3 **

a) Qui a emprunté mes chaussures marron ?
b) Les billets orange ne sont plus valables ; ils sont rouges maintenant.
c) Dans la coupe sont empilés des fruits jaunes, rouges, orange, violets.
d) Que choisis-tu ? les gants framboise ou les gants noirs ?
e) Je n'aime pas cette couverture aux rayures marron et beiges.

Dictée de phrases 4 **

a) Ces pulls vert bouteille sont un peu tristes.
b) Les collants jaune citron ne vont pas avec ces chaussures orange.
c) Les rideaux rouge foncé du salon assombrissent la pièce.
d) Je trouve que cet oiseau aux plumes roses et jaunes est magnifique.
e) Je peux vous proposer une nappe blanche à pois bleu turquoise et noirs.
f) Les écossais rouges et vert pomme ne vont pas avec les rayures orange et jaunes.

Dictée de phrases ***

a) Décide-toi enfin ! Les gants mauves sont aussi jolis que les roses.
b) On ne verra pas tes dessins jaune paille sur un fond blanc.
c) Les chiots sont chocolat et beiges ; l'un d'eux a des taches rousses.
d) Les polos de notre club de rugby sont orange et bleus.
e) Si tu choisis des rideaux rose vif, je te déconseille ce papier peint à rayures bleues.
f) Finalement je prendrai les gants marron... à moins que je ne choisisse les verts.

35 NIE/N'Y/NI

• **Nie** (*verbe* nier *au présent*) peut être mis à l'imparfait : ***niait***.
Il **nie** (*niait*) avoir pris ma gomme.

• **N'y** (*adverbe et pronom personnel*) est placé devant un verbe.
J'ai appelé chez lui, mais il **n'y** est pas.

• **Ni** (*adverbe*) est une négation double.
Je n'ai **ni** mes ciseaux **ni** (*négation double*) ma colle. – Je **n'**écris **ni** ne parle le japonais. – Je suis venu sans livre **ni** cahier.

Dictée de phrases 1 *

a) Ni tes larmes ni tes colères ne changeront ma décision.
b) Cet endroit est réputé dangereux ; n'y allez pas.
c) Ni les cerisiers ni les pruniers n'ont donné de fruits cette année.

Dictée de phrases 2 *

a) Le soleil est aveuglant et je n'y vois rien du tout.
b) Les objets de la vitrine sont fragiles ; n'y touchez pas.
c) Ni Sylvie ni Aurélien ne sont dans ma classe cette année.
d) N'essayez pas d'escalader cette paroi : vous n'y arriverez pas.

Dictée de phrases 3 **

a) Il va pleuvoir ; nous n'y pouvons rien.
b) Je ne connais ni Rome, ni Venise, ni Florence.
c) Nous devrions partir en Italie ; nous n'y sommes jamais allés.
d) L'accusé nie avoir participé au cambriolage et se déclare innocent.
e) Ces alpinistes n'étaient ni entraînés ni équipés pour cette expédition.

Dictée de phrases 4 **

a) Le principal a pris sa décision et n'y reviendra pas.
b) Pourquoi nies-tu être entré dans ma chambre ?
c) Ton dessin est parfait ainsi ; n'y ajoute rien surtout !
d) Je ne sais pas tracer cette figure ni résoudre ce problème !
e) J'ai oublié mon maillot ; pourquoi n'y ai-je pas pensé avant de partir ?
f) Cette conversation est terminée : il n'y a rien à dire de plus.
g) Mes camarades nient toute responsabilité dans cette histoire.

Dictée de phrases 5 ***

a) Je nie absolument avoir touché à tes affaires.
b) Je n'ai ni mon livre de géographie ni mon cahier.
c) Il n'y a certainement ni eau ni air sur la Lune.
d) Ces personnes nient avoir été témoins de l'agression.
e) François n'est ni pour ni contre notre projet ; il y réfléchit.
f) Ne vous tracassez pas pour le vase brisé : je n'y accorde aucune importance.
g) Si vous venez sans votre tenue ni vos chaussures de sport, vous ne jouerez pas.

SI/S'Y/CI

36

• **Si** (*adverbe*) peut être remplacé par ***tellement*** ; **si** (*conjonction de subordination*) peut signifier : ***à condition que, au cas où, est-ce que...***
Il est **si** (*tellement*) content ! – **Si** tu viens (*à condition que tu viennes*), tu pourras m'aider.

• On rencontre **s'y** (*combinaison de deux pronoms personnels*) devant un verbe et on peut conjuguer l'expression (***m'y, t'y***).
Viens à la maison ; mon frère **s'y** trouve (*je m'y trouve*).

• **Ci** (*particule adverbiale*) s'ajoute à un mot précédé d'un démonstratif. Un trait d'union relie le nom à **ci**.
Je n'ai pas aimé ce roman-**ci** (*démonstratif*).

Dictée de phrases 1 *

a) L'arbre est touffu et les oiseaux peuvent s'y cacher.
b) Je suis si contente que tu puisses venir avec nous !
c) Ne l'écoutez pas ! Il ne s'y connaît pas du tout.

Dictée de phrases 2 *

a) Le chemin est si glissant qu'il est dangereux de s'y aventurer.
b) Comment faut-il s'y prendre pour réparer cette lampe ?
c) Mon chat doit être sous mon lit ; il s'y trouve souvent.
d) Tu parles si fort que je ne peux me concentrer !

Dictée de phrases 3 **

a) C'était une surprise ! Nadia ne s'y attendait pas.
b) Ces chaussures-ci me font vraiment trop mal aux pieds.
c) Il fait froid, mais vous verrez qu'on finit par s'y habituer.
d) Cette histoire-ci est beaucoup plus drôle que celle-là.
e) Je ne sais pas si mes cousins voudront venir avec nous.

Dictée de phrases 4 **

a) Dites-moi si vous acceptez ma proposition.
b) Si cela ne marche pas ainsi, on s'y prendra autrement.
c) Ce samedi-ci, je ne suis pas libre, mais on peut se voir mercredi.
d) Les marins se demandent si le brouillard va bientôt se lever.
e) Je vous conseille ce roman-ci : vous le trouverez passionnant.
f) La tempête a été si violente que plusieurs arbres sont tombés.

Dictée de phrases 5 ***

a) Si tu cherches Antonin, va au CDI : il doit encore s'y trouver.
b) Vous devriez recevoir, ces jours-ci, une confirmation de votre inscription.
c) Les collégiens ont des obligations et ne peuvent s'y soustraire.
d) Si le magasin au coin de la rue est déjà ouvert, on pourra s'y approvisionner.
e) Jules n'a pas réussi l'exercice ; la prochaine fois, il s'y prendra autrement.
f) Ces temps-ci, ce n'est pas si agréable d'être dans le parc gelé pour s'y promener.

Dictées de révision des règles 33 à 36

L'orthographe des mots ou noms propres signalés par un astérisque est à indiquer.

Dictée 1 Révision des règles 33 et 34

Ne manque à aucun prix la boutique « Ici on trouve tout » ! Fais un petit tour entre les rayons pour dénicher le polo de tes rêves ou simplement pour être surpris par les chaussures roses et bleues, les jeans verts ou mauves, les pulls jaune citron ou rouge vif. Va bien jusqu'au fond du magasin : tu y trouveras des blousons aux couleurs incroyables. Les rayures bleu ciel et gris foncé côtoient les écossais orange et marron.

Dictée 2 Révision des règles 33 et 35

Voici le plan du circuit. Ne saute ni une étape ni une recherche à effectuer si tu ne veux pas être disqualifié. Dirige-toi d'abord vers la bibliothèque municipale et rends-toi au département des encyclopédies. Note, sur ta feuille de route, les noms des fondateurs de la grande *Encyclopédie* du Siècle des lumières. Puis va dans la salle des périodiques ; le quotidien *Le Figaro* s'y trouve. Relève sa devise et explique-la. Qui en est l'auteur ?

On met un **trait d'union** entre le verbe à l'impératif et son pronom personnel complément : dirige-toi, explique-la.

Dictée 3 Révision des règles 34 et 36

Et voici notre nouvelle collection ! Ce pantalon-ci sera le compagnon de vos courses en ville. Mais si vous préférez les robes, alors celle-ci, bleu ciel et grise, vous plaira certainement. Nos tissus fluides à rayures roses et marron ou bien orange et vertes sont irrésistibles pour l'été. Regardez ces bermudas-ci ou ces chemises-là. Et que pensez-vous de nos vestes mauves ou cerise ? Voici enfin une collection légère et colorée ! La tenue de vos rêves s'y trouve sûrement !

Dictée 4 Révision des règles 35 et 36

La citadelle de Port-Louis* dans le Morbihan* abrite trois musées. Si vous voulez vous plonger dans le passé du commerce maritime, visitez le musée de la Compagnie des Indes. Rien d'ennuyeux ni d'austère ! Les maquettes qui reconstituent la vie à bord des navires sont si vivantes qu'on s'y croirait ! Si vous aimez l'archéologie, alors parcourez les salles consacrées aux fouilles sous-marines ; ni les objets rassemblés ni les écrans qui retracent des missions ne vous ennuieront une seconde. N'oubliez pas le musée du Sauvetage en mer : de grands écrans vous feront vivre les tempêtes avec les sauveteurs.

La très grande majorité des noms terminés par le son « **eur** » ne prennent **pas de -e** : un sauvet**eur**, un rong**eur**, la larg**eur**, un doct**eur**...

Dictée 5 Révision des règles 33 à 36 Piste 9

– Est-ce toi qui as pris ma colle à maquettes ? demande Vincent à son petit frère. Fabien nie absolument avoir touché aux affaires de son aîné.
– Je n'ai pris ni ta colle ni les petites planches marron, assure le petit.
– Comment sais-tu qu'il y avait aussi des petites planches, si tu n'as touché à rien ?
– J'ai juste regardé ce que tu étais en train de faire...
– Tu crois ? Rapporte-moi la colle et donne-moi un coup de main pour terminer cette maquette. C'est une meilleure occupation que de fouiller dans mes affaires.

Dictées de révision des règles 1 à 36

Dictée 6 Révision des règles 2, 3, 14 et 33

Si tu veux faire un quatre-quarts moelleux et parfumé, prends trois gros œufs et pèse-les. Pèse ensuite la même masse de farine, de beurre et de sucre. Prélève le zeste d'une orange non traitée et coupe-le en petits morceaux ; presse le fruit et mets de côté le jus. Fais chauffer ton four à 160 degrés. Sépare les blancs d'œufs des jaunes et bats énergiquement ces derniers avec le sucre. Fais fondre le beurre et verse-le dans le mélange, puis ajoute la farine et mélange bien la pâte. Monte les blancs en neige et incorpore-les doucement. Tu dois ensuite ajouter le zeste et verser le mélange dans un moule à cake beurré. Fais cuire quarante-cinq minutes. Quand ton gâteau est cuit, imbibe-le avec le jus de l'orange. Et régale-toi !

Attention à l'accent circonflexe : un gâteau, un château, un râteau ; mais : un chapeau, un cadeau... Le **-â** est suivi d'un **-t**.

Dictée 7 Révision des règles 9, 14, 34 et 35

Ulysse* est déguisé en mendiant quand il arrive à Ithaque* et personne ne le reconnaît, ni les prétendants au trône ni sa femme. Dans la grande salle du palais, celui qui saura utiliser l'arc du héros et traverser douze haches avec sa flèche épousera la reine Pénélope. Personne n'y parvient ; le mendiant s'approche : il est le seul à pouvoir tendre l'arc du roi d'Ithaque et tout le monde le reconnaît. Quand l'aube aux doigts roses se lève le lendemain, les aventures d'Ulysse sur la mer grise d'écume sont achevées.

Dictée 8 Révision des règles 23, 31, 33 et 34

Dans les romans de la Table ronde, on reconnaît aussi le héros grâce à son arme. Le chevalier qui pourra retirer l'épée à la lame bleu argent de la pierre où elle est plantée deviendra roi.

– Va me chercher mon épée, dit un chevalier à Arthur son jeune écuyer. Dépêche-toi !

Mais Arthur, qui ne sait plus où il a posé l'épée de son maître, ose retirer l'épée de la pierre. Il est le seul à pouvoir retirer cette épée magique, ce qui le désigne comme roi. Les aventures des chevaliers de la Table ronde peuvent commencer.

Dictée 9 Révision des règles 20, 32, 34 et 36

Ceux qui seront là attendent que tu portes une tenue à la hauteur de ton spectacle. Oublie le costume noir : tu l'as déjà mis la semaine dernière. La robe bleu ciel est peut-être une bonne solution. Regarde-la et vois si tu peux la porter cette fois-ci. Si elle peut sembler démodée, il vaut mieux l'éviter. Ouvre ton placard : des pantalons jaune citron ou à rayures orange et mauves s'y trouvent ; un peu de couleur peut être une bonne idée.

Dictée 10 Révision des règles 2, 7, 8 et 34

Il y a aussi ma cousine Apollonie* ; on l'appelle « la Polonie* » !
C'est comme ça qu'ils ont baptisé leur fille, ces paysans !
Chère cousine ! grande et lente, avec des yeux bleu de pervenche, de longs cheveux châtains, des épaules de neige ; un cou frais, que coupe de sa noirceur luisante un velours tenant une croix en or ; le sourire tendre et la voix traînante, devenant rose dès qu'elle rit, rouge dès qu'on la fixe.

Jules Vallès, *L'Enfant*.

37 LE PRÉSENT DU SUBJONCTIF

Le subjonctif se rencontre principalement dans les subordonnées.

• Les terminaisons des trois groupes sont : -e, -es, -e, -ions, -iez, -ent.
parler : que je parle, que nous parlions ; **crier** : que je crie, que nous criions ; **broyer** : que je broie que nous broyions ; **finir** : que je finisse, que nous finissions ; **savoir** : que je sache, que nous sachions ; **vouloir** : que je veuille, que nous voulions ; **croire** : que je croie, que nous croyions

• Les **auxiliaires** : ***avoir*** → que j'aie, que tu aies, qu'il ait, que nous ayons, que vous ayez, qu'ils aient ;
être → que je sois, que tu sois, qu'il soit, que nous soyons, que vous soyez, qu'ils soient.

• Ne pas confondre les **présents de l'indicatif** et **du subjonctif** (voir leçon 61).

Dictée de phrases 1 *

a) Je désire que tu fasses ton lit chaque matin.
b) Le professeur a demandé que tu suives les cours de soutien.
c) Veux-tu que je t'accompagne à ton cours de guitare ?

Dictée de phrases 2 *

a) Imaginons que vous habitiez sur une île déserte.
b) Il se peut que nous allions une semaine à Milan.
c) Je ne pense pas que vous puissiez faire ce travail en une heure.
d) Le médecin souhaite que nous mangions moins gras et moins sucré.

Dictée de phrases 3 **

a) Supposons que nous soyons d'accord pour aller avec toi...
b) Il faut que vous ayez toujours votre carnet de liaison avec vous.
c) Il est important que j'aie votre réponse dans la journée.
d) Je désire beaucoup que tu aies raison dans cette histoire.

Dictée de phrases 4 **

a) Il faut que vous payiez la somme demandée tout de suite.
b) Le CPE veut que tu ailles le voir à la récréation.
c) Je ne veux pas que vous riiez quand je raconte mes mésaventures.
d) Pourquoi voulez-vous que nous employions le subjonctif ?
e) Comment veux-tu que je parvienne au bon résultat si tu me parles sans cesse ?

Dictée de phrases 5 ***

a) Il faudrait que vous preniez rendez-vous avec le dentiste.
b) Le professeur souhaite que mon père ait un entretien avec le CPE.
c) Je ne voudrais pas que vous oubliiez cette information essentielle.
d) Puissions-nous remporter ce match et nous retrouver sur le podium !
e) Il ne faut surtout pas que vous vous réfugiiez dans le silence.
f) Le médecin demande aux professeurs que j'aie une place au premier rang.

L'ACCORD DU PARTICIPE PASSÉ (2)

38

• **Rappel** : employé avec *être*, le **participe passé** s'accorde **avec le sujet**.

• Employé avec l'auxiliaire *avoir*, le **participe passé** ne s'accorde pas avec le sujet mais **avec le COD si celui-ci est placé avant le verbe.**

Marine a cueilli des framboises et elle **les** a mangé**es**.

COD placé après le verbe — **COD placé avant le verbe**

On peut aussi procéder en posant la question ***Qu'est-ce qui est... ?***.

Marine a cueilli des framboises (*Qu'est-ce qui est cueilli ? Les framboises*) et elle les a mangé**es** (*Qu'est-ce qui est mangé ? Les framboises*).

Quand j'écris « cueilli », je n'ai pas encore écrit « les framboises ». → pas d'accord.

Quand j'écris « mangées », j'ai déjà écrit « les » (pour « les framboises »). → **accord**.

Dictée de phrases 1 *

a) Silvia et Louise sont parties à la bibliothèque.
b) Les devoirs rendus en retard ne seront pas acceptés.
c) Les entraînements sont annulés et reportés à la semaine prochaine.

Dictée de phrases 2 *

a) Avez-vous reconnu ce morceau de musique ?
b) Clara est allée chez Mélodie et elles ont regardé un DVD.
c) Ces musiciens sont reconnus et ont donné de nombreux concerts.
d) Léo et Victor ont oublié leur ballon et sont repartis le chercher.

Dictée de phrases 3 **

a) J'ai croisé Alexia dans la rue et je l'ai invitée à mon anniversaire.
b) Qui a emporté les documents que j'avais laissés sur la table ?
c) J'aime beaucoup la chanson que j'ai écoutée hier chez toi.
d) Je n'aime pas ces bottes ; pourquoi les as-tu achetées ?

Dictée de phrases 4 **

a) Les amis que nous avons invités ont tous répondu oui.
b) Je te prête ces deux DVD car je les ai déjà regardés.
c) Je ne retrouve plus la carte de géographie que j'ai coloriée ce matin.
d) Qui a jeté les articles que j'avais découpés pour mon exposé ?
e) Les feuilles jaunies, dispersées par le vent, ont recouvert le jardin.
f) Nous avons vu, à la télévision, la bannière que tu as agitée pendant le match.

Dictée de phrases 5 ***

a) Nous n'avons pas retrouvé les indications que tu nous as données.
b) Mes camarades à qui j'ai donné les ballons sont partis sur le stade.
c) Les films dont je t'ai parlé seront projetés par le ciné-club.
d) Nous avons aimé les paroles que tu as prononcées : les mots étaient bien choisis.
e) Les deux dompteurs à qui les fauves ont obéi étaient très entraînés.
f) L'histoire que Marie nous a racontée hier est invraisemblable : je ne l'ai pas crue.

39 ÇA/SA/ÇÀ ; MA/M'A ; TA/T'A

• Il ne faut pas confondre le déterminant possessif **sa** placé devant un nom et le pronom démonstratif **ça**. **Sa** peut être remplacé par ***ma*** ou ***ta*** et **ça** par ***cela***.
Jules a perdu **sa** (*ma*) carte d'identité. – Je crois que **ça** (*cela*) suffit.
On rencontre aussi **çà** qui est une indication de lieu : **çà** et là.

• Il ne faut pas confondre les déterminants possessifs **ma** et **ta** avec **m'a** et **t'a** constitués du verbe *avoir* et des pronoms personnels *me* ou *te*.
C'est **ma** (*sa*) chambre. – Je te rends **ta** (*sa*) gomme. – Il **m'a** (*à moi*) pris **ma** (*sa*) gomme. – Il **t'a** (*à toi*) rendu ton livre.

Dictée de phrases 1 *

a) Taisez-vous : ça suffit !
b) Pierre a oublié sa règle et je lui ai prêté la mienne.
c) Je connais Marie, mais je n'ai jamais vu sa cousine.

Dictée de phrases 2 *

a) Je vais rappeler Yves qui m'a téléphoné ce matin.
b) Ma tante m'a dit que sa voisine de palier connaissait mon frère.
c) Ma trousse est neuve et je ne la retrouve plus !
d) C'est ma mère qui m'a appris cette prise de judo.

Dictée de phrases 3 **

a) Qui t'a raconté de telles sottises sur mon compte ?
b) Cessez de vous agiter ou ça finira mal !
c) Julia est passée hier soir et elle t'a laissé un paquet.
d) Pourquoi m'as-tu donné cette fausse information ?
e) Apporte ta trousse et tes cahiers : comme ça, tu seras tranquille.

Dictée de phrases 4 **

a) Ma sœur m'a expliqué ça, mais je n'ai rien compris.
b) Sa chambre est bruyante car elle donne sur la voie ferrée.
c) Que t'a dit le professeur quand tu lui as donné ma copie ?
d) Ma tarte aux fraises était un régal ; tu m'as donné une bonne recette.
e) C'était la fin de l'été et, çà et là, une feuille tombée annonçait l'automne.
f) Je ne retrouve pas ta fiche de lecture ; quand m'as-tu apporté ce document ?

Dictée de phrases 5 ***

a) Ta nouvelle coiffure te va vraiment très bien.
b) Mon frère t'a-t-il parlé de cette curieuse histoire ?
c) Ta mère a téléphoné pour dire qu'elle passait te chercher.
d) Tu m'as dit que tu m'aiderais et c'est pour ça que je viens te voir.
e) La plupart des invités étaient partis ; mais, çà et là, certains discutaient encore.
f) Pourquoi m'as-tu annoncé que Marc et sa sœur venaient déjeuner ?
g) Léa, pourquoi Stéphane t'a-t-il trouvée en larmes hier soir ?

SANS/S'EN/C'EN ; DANS/D'EN

40

• Il ne faut pas confondre la proposition **sans** (*le contraire de* avec) et la combinaison des deux pronoms **s'en**. **S'en** est placé devant un verbe.
Tu as tort de tracer un cercle **sans** (*avec un*) compas ! Marc en a un, mais il **s'en** sert (*je m'en sers*).

• On rencontre aussi **c'en** devant le verbe *être*. **C'en** est fini.

• Il ne faut pas confondre la préposition **dans** et la combinaison des deux prépositions **d'en**. On peut remplacer **dans** par ***hors de*** et **d'en** par ***de en***.
J'ai rangé mon compas **dans** (*hors de*) son étui. – Mon compas ? Je viens **d'en** (*de en*) emprunter un !

Dictée de phrases 1 *

a) Sans toi, je n'arriverai pas à préparer cet exposé.
b) Ne vous tracassez pas : on est au courant et on s'en occupe.
c) Il pleut et pourtant Lucas porte un blouson sans capuche.

Dictée de phrases 2 *

a) Dans combien de temps se termine le film ?
b) Tu souffres : il est important d'en parler au médecin.
c) Voici ton texte ; je viens d'en faire une photocopie.
d) J'ai laissé ma carte de cantine dans une poche de mon blouson.

Dictée de phrases 3 **

a) Je lui ai dit que j'étais triste et il s'en moque !
b) Dépêchez-vous : le train part dans cinq minutes !
c) Vous ne pouvez pas rouler la nuit sans lumière.
d) Je n'ai plus besoin de ta gomme : je viens d'en acheter une.
e) Mon frère ne peut pas me prêter son vélo : il s'en sert ce soir.

Dictée de phrases 4 **

a) Vous ne pouvez faire des expériences de chimie sans blouse.
b) Ton oncle a appris ton succès et il s'en réjouit avec nous.
c) Pour s'en sortir, il faudrait qu'il fasse un sans-faute.
d) Dans quelle histoire s'est-il engagé ? Il faut qu'il s'en sorte.
e) Votre équipe a perdu ; c'en est fait : vous ne serez pas en finale.
f) Le facteur a déposé des lettres ; je suis certain d'en recevoir une.

Dictée de phrases 5 ***

a) Dans le doute, abstiens-toi de prendre position.
b) Si Louis est parti sans ses clés, il faut s'en inquiéter.
c) Si tu publies un roman, je serai heureux d'en avoir un exemplaire.
d) J'ai trop de pièces dans mes poches, je crains d'en perdre la moitié.
e) C'en est trop ! je ne pourrai jamais venir à bout de tout ce travail !
f) Les champignons sont nombreux ; Julien est content d'en avoir trouvé autant.

Dictées de révision des règles 37 à 40

L'orthographe des mots ou noms propres signalés par un astérisque est à indiquer.

Dictée 1 Révision des règles 38 et 39

– Qu'est-ce que ça signifie ? explosa le moniteur. Vous allez me ranger tout ça immédiatement !
Une dispute avait éclaté au cours d'une partie de cartes. Certains avaient jeté leurs cartes et d'autres les avaient éparpillées dans toute la salle. Tout le monde criait ; personne ne voulait reconnaître sa responsabilité. Des rois et des reines étaient allongés par terre, çà et là, indifférents à nos cris. Nous les avions même piétinés dans la bagarre.

Dictée 2 Révision des règles 38 et 40

Le Minotaure* était une créature mi-homme mi-taureau que le roi de Crête* Minos* avait enfermée dans un labyrinthe. Chaque année, sans faute, les Athéniens devaient envoyer sept jeunes garçons et sept jeunes filles chez Minos. Dès qu'il les avait accueillis, le roi les enfermait dans le Labyrinthe et, en peu de temps, le Minotaure les avait tous dévorés. Les Athéniens ne s'en remettaient pas et ils étaient désespérés.

Dictée 3 Révision des règles 37 et 40

Indiquer que les verbes soulignés sont au subjonctif.

Thésée*, le fils du roi Égée*, dit à son père :
– Je veux que vous m'envoyiez chez Minos* avec les jeunes gens condamnés ; il faut que j'aie la possibilité de tuer le Minotaure. Ainsi, la ville d'Athènes sera libérée. D'en haut, les dieux de l'Olympe guideront mes pas car ils ne veulent pas que notre ville soit dans la servitude.
Égée accepta non sans hésiter car il craignait pour la vie de son fils.

Dictée 4 Révision des règles 39 et 40

Nicolas était plongé dans un roman d'aventures quand soudain le capitaine représenté sur une des gravures lui sourit. Le jeune lecteur sursauta et, sans s'en rendre compte, se retrouva dans l'image, dans le salon d'un fabuleux sous-marin. Derrière la grande baie vitrée, on pouvait voir, çà et là, des poissons aux couleurs étonnantes. Impossible d'en reconnaître l'espèce ; impossible également de s'en détacher tant ils étaient magnifiques. Le capitaine tira Nicolas de sa rêverie :
– Est-ce que ça te dirait de parcourir les mers avec moi ?

> Lorsque le son « **è** » est suivi de deux consonnes ou d'une consonne double, le **-e** ne prend pas d'accent : une espèce, un estuaire, une direction, derrière, une fourchette, un renne...

Dictée 5 Révision des règles 37 à 40 Piste 10

Samedi, Samuel aura treize ans et ses sœurs ont organisé un anniversaire-surprise. Elles veulent que tout soit parfait et ont demandé à Grégory, le grand ami de leur frère, de les aider. **Il** leur a donné la liste des amis de Samuel et elles les ont contactés sans que leur frère s'en doute. Elles ont tout préparé. **Elles** ne cessent de se dire que ça sera un moment extraordinaire. Tandis que Samuel joue au foot, **elles** installent des petits lampions que leur a prêtés une amie de leur mère. Le secret sera gardé et la surprise sera totale.

> Attention aux pronoms **il/ils** et **elle/elles** ! Il faut se demander ce qu'ils désignent pour savoir s'ils sont au singulier ou au pluriel.

Dictées de révision des règles 1 à 40

Dictée 6 Révision des règles 19, 24, 37 et 38

M. Martin a acheté deux miroirs chez un antiquaire et il les a installés dans son salon. L'un était petit et il l'a posé sur une étagère ; il a fixé le plus grand au mur. Le marchand l'a prévenu : « Ces miroirs sont bon marché, mais il faut qu'ils aient une place adaptée à leur taille et que vous ne les ayez pas regardés avant de les installer. » M. Martin les a donc recouverts d'un papier noir. Quand il enlève le papier, il découvre, stupéfait, que son reflet est un cafard dans l'un et un dinosaure dans l'autre.

Dictée 7 Révision des règles 14, 16, 19 et 38

Étonnantes araignées ! Vous les avez certainement vues au travail. Les chercheurs les ont examinées avec attention et ont étudié les fils qu'elles savent fabriquer. Ils sont très fins et semblent fragiles, mais certains sont cinq fois plus résistants que l'acier ! On peut tout imaginer : des araignées tissant des fils pour les câbles des ponts ou pour les interventions chirurgicales. Les secrets de la nature que nous avons découverts ne sont pas les derniers !

Dictée 8 Révision des règles 8, 14, 37 et 38

Thésée* est parvenu à tuer le Minotaure*. La bobine de fil que lui a donnée Ariane lui a permis de quitter le Labyrinthe. Les malheurs **commencent** dès que le navire grec a quitté le rivage crétois. Le héros veut qu'Ariane vienne avec lui, mais il l'oublie sur une île. De plus, Thésée avait promis à son père que la voile noire du bateau serait changée contre une voile blanche s'il triomphait, car il fallait que son père sache au plus vite ce qui s'était passé. Mais la promesse a été oubliée et Égée*, croyant son fils mort, s'est jeté à la mer, devenue ainsi la mer Égée.

Les mots commençant par **com-** prennent pour la plupart deux **m** : commencer, commettre, communication...
Quelques exceptions : comédie, comique, comète, comestible...

Dictée 9 Révision des règles 16, 35, 39 et 40

Harpagon *(il crie au voleur dès le jardin et vient sans chapeau)*
– Au voleur ! au voleur ! [...] Hélas ! mon pauvre argent, mon pauvre argent, mon cher ami, on m'a privé de toi ! Et, puisque tu m'es enlevé, j'ai perdu mon support, ma consolation, ma joie ; tout est fini pour moi [...] ! Sans toi, il m'est impossible de vivre. C'en est fait, je n'en puis plus, je me meurs, je suis mort, je suis enterré ! N'y a-t-il personne qui veuille me ressusciter en me rendant mon cher argent ou en m'apprenant qui l'a pris ?

Molière, *L'Avare.*

Dictée 10 Révision des règles 13, 22, 29 et 38

La première fois qu'Aurélien vit Bérénice, il la trouva franchement laide. Elle lui déplut, enfin. Il n'aima pas comment elle était habillée. Une étoffe qu'il n'aurait pas choisie. Il avait des idées sur les étoffes. Une étoffe qu'il avait vue sur plusieurs femmes. [...] Aurélien n'aurait pas pu dire si elle était blonde ou brune. Il l'avait mal regardée.

Louis Aragon, *Aurélien*, © Gallimard.

DICTÉES 4e-3^e

41 LES QUATRE TEMPS SIMPLES DE L'INDICATIF

• Le **présent au singulier** (voir leçons 1 et 5) :
– 1er groupe et certains verbes du 3e : -e, -es, -e ; je parle, tu cries, il cueille
– 2e et 3e groupes : -s, -s, -t ; -ds / -ds, -d / -x, -x, -t.
je finis, tu pars, il fait ; je prends, il répond ; je veux, il peut

• Le **futur simple** (voir leçon 9) : les terminaisons s'ajoutent souvent à l'infinitif.
je parlerai, tu feras, il viendra, nous crierons, vous appuierez, ils ouvriront

• L'**imparfait** (voir leçon 17) : attention au pluriel qui est proche du présent !
je parlais, tu faisais, il venait, nous criions, vous appuyiez, ils ouvraient

• Le **passé simple** (voir leçon 21) :
– 1er groupe : -ai, -as, -a, -âmes, -âtes, -èrent ;
– 2e et 3e groupes : **i**, **u** ou **in** devant -s, -s, -t, -^mes, -^tes, -rent.
je criai, nous criâmes ; tu finis ; il courut ; je vins, nous vînmes ; ils tinrent

Dictée de phrases 1 *

a) Pourquoi racontes-tu toujours la même histoire ?
b) Tu ne réfléchis pas assez longtemps et tu te trompes.
c) Quand je joue avec ma console, je vis dans un autre monde !

Dictée de phrases 2 *

a) Si nous partons dans le Sud, viendrez-vous nous rendre visite ?
b) Je ne saurai pas vous dire où habite la famille Martin.
c) Je me souviendrai du conseil que tu me donnes.
d) Vous entrerez dans l'ascenseur et vous descendrez au centième étage.

Dictée de phrases 3 **

a) La porte s'ouvrit alors avec un grand fracas.
b) Durant les vacances, après le dîner, nous jouions aux échecs.
c) Un cri se fit entendre et je me précipitai vers la fenêtre.
d) Comme nous n'étions pas d'accord, nous nous levâmes et sortîmes sans un mot.

Dictée de phrases 4 **

a) Nous distribuions les cartes quand l'orage éclata ; tout s'éteignit.
b) Il pleut beaucoup dans cette région et nous songeons à déménager.
c) De nombreux écrivains participèrent à la Résistance et défendirent la liberté.
d) Demain, vous emploierez votre énergie à ranger vos chambres.
e) Pourquoi répondent-ils à ma question de façon aussi agressive ?

Dictée de phrases 5 ***

a) Loïc courut si vite qu'il ne vit pas l'obstacle et trébucha.
b) Autrefois, nous additionnions et divisions sans calculatrice.
c) Je pensais que vous vous abritiez chez nous en raison de la pluie.
d) Crois-tu que, si ton frère prend le train de midi, il arrivera à temps ?
e) Tu jettes son ticket de bus par terre alors que nous le jetons dans une poubelle !

LES ACCORDS COMPLEXES SUJET-VERBE

42

Le verbe s'accorde avec son sujet (voir leçon 15).

• Attention à l'accord quand le verbe a **plusieurs sujets** !
Henri et moi **sommes** délégués ; Marine et toi **êtes** suppléants.

• Un pronom réunit les sujets et commande l'accord.
Tartes, madeleines, tout **était** délicieux.

• Le sujet est un **collectif au singulier** : le verbe est au **singulier**.
La police arrive. – Tout le monde **est** d'accord. – Une foule se rassemble.

• Attention aux pronoms pluriels : le verbe est au **pluriel**.
Tous **sont** là. – La plupart te connaiss**ent**. – Certains ne viendr**ont** pas.

• Attention au **pronom relatif** : il faut regarder son antécédent.
Ce sont *Marine et Henri* qui **sont** délégués. – C'est *toi* qui viendr**as**.

Dictée de phrases 1 *

a) Toi et moi devons nous inscrire à ce concours.
b) Emma et toi avez toujours des idées originales !
c) Le pays, l'hôtel, le temps, tout était parfait !

Dictée de phrases 2 *

a) Une foule s'est rassemblée devant la salle de spectacle.
b) On aime particulièrement ton gâteau au chocolat.
c) La police se trouve sur les lieux du crime depuis une heure.
d) Tout le monde apprécie beaucoup ta présence et te remercie.

Dictée de phrases 3 **

a) Ce sont nos chiens qui grignotent le bas des rideaux.
b) La plupart de mes camarades pratiquent une activité sportive.
c) Aucun d'entre nous ne devine de quoi il s'agit.
d) J'ai acheté des bonbons et je les mangerai tous jusqu'au dernier !

Dictée de phrases 4 **

a) Aucun élève n'est autorisé à entrer dans la salle des professeurs.
b) Quelques-uns de mes amis aiment ce type de musique.
c) Que tous ceux qui participent à cette sortie viennent me voir.
d) Les palais, les églises, les canaux, tout à Venise me semble magnifique.
e) C'est une pièce de théâtre que composent les élèves de cette classe.

Dictée de phrases 5 ***

a) Est-ce toi qui as oublié ce blouson dans le vestiaire jeudi dernier ?
b) Ceux qui n'apportent pas le formulaire à temps ne seront pas inscrits.
c) C'est toi qui iras acheter le pain demain ; c'est moi qui l'ai fait aujourd'hui.
d) La plupart des élèves n'attendent pas la dernière minute pour faire leurs exercices.
e) Beaucoup de mes amis projettent de s'inscrire, mais bien peu nous rejoignent.

43 SUR/SÛR ; PRÈS/PRÊT...

On distingue (voir aussi leçon 28) :

• la préposition **sur** et l'adjectif qualificatif **sûr** ;
Le livre est **sur** la table. – Il est **sûr** de lui ; elle est **sûre** d'elle.

• la préposition **près** et l'adjectif qualificatif **prêt** ;
Je suis **près** de toi. – Il est **prêt** à partir ; elle est **prête** à partir.

• les noms **compte**, **conte** (*le récit*) et **comte** (*le titre de noblesse*) ;
un **conte** de fées ; monsieur le **comte** ; le **compte** est bon

• les noms **pain** (*l'aliment*) et **pin** (*l'arbre*) ;
un **pain** au chocolat ; une pomme de **pin**

• les noms **air** (*ce que l'on respire*), **aire** (*la surface*) et **ère** (*la période*).
l'**air** est pur ; une **aire** de 100 m^2 ; l'**ère** glaciaire

Dictée de phrases 1 *

a) Léo, es-tu bien sûr d'avoir compris ce que je t'ai expliqué hier ?
b) Tu trouveras mon trousseau de clés sur la table de la cuisine.
c) Nous sommes sûrs qu'il y a des cigognes sur notre toit.

Dictée de phrases 2 *

a) Nous ne sommes pas prêts ; partez sans nous.
b) J'habite tout près de la place du marché.
c) J'ai laissé mon stylo-plume sur mon bureau, près de la lampe.
d) Mes frères sont prêts à nous donner un coup de main.

Dictée de phrases 3 **

a) Certains contes ne sont pas destinés aux enfants.
b) J'ai fait mes comptes et je ne peux pas acheter ce DVD.
c) Je voudrais le pain aux raisins le plus doré et le plus gros.
d) Une forêt de pins s'étendait le long de la plage et l'air était parfumé.

Dictée de phrases 4 **

a) Maxime est prêt à partir pour Rome avec sa classe.
b) Ta technique est la plus sûre et je vais l'adopter.
c) J'ai bien révisé et je suis tout à fait prêt pour le contrôle.
d) Est-ce que tu comptes sur notre aide pour ton déménagement ?
e) Le comte et la comtesse vous attendent dans le grand salon.

Dictée de phrases 5 ***

a) Jean a besoin de lunettes pour voir de près.
b) Dès que les joueurs seront prêts, ils entreront sur le terrain.
c) L'hélicoptère se posera sur l'aire prévue à cet effet.
d) Je crois qu'avec le numérique, nous entrons dans une nouvelle ère.
e) Émilie et Victoire ne sont pas encore sûres de pouvoir venir demain.

44 ON/ON N'/ONT

• Il ne faut pas confondre le verbe *avoir* au présent **ont** et le pronom personnel de 3e personne **on** que l'on peut remplacer par ***il***.
Les fusées du feu d'artifice **ont** été tirées du parc.

• **On** peut s'employer avec une négation : on ajoute alors l'adverbe **ne**. L'adverbe **ne** devient ***n'*** devant un verbe commençant par une voyelle et on ne l'entend pas.
On (*il*) a célébré le 14 Juillet. **On** n'a pas (*il n'a pas*) oublié les pétards !

Dictée de phrases 1 *

a) Les joueurs ont remporté, ce soir, une belle victoire.
b) On me répète tous les jours : « Quand on veut, on peut. »
c) Tes amis sont passés et ont rapporté ton vélo.

Dictée de phrases 2 *

a) On a appris la bonne nouvelle à la radio.
b) Chez moi, on n'aime vraiment pas les épinards.
c) On n'a pas de chance ! On a encore de la pluie !
d) On n'a pas besoin de partir si tôt ! On sera très en avance.

Dictée de phrases 3 **

a) J'aimerais que l'on me dise enfin la vérité.
b) On n'a jamais entendu une aussi belle chanson !
c) Les jours ont passé et on a fini par trouver une solution.
d) La cloche a sonné, mais on n'a pas entendu.
e) Les choristes ont chanté merveilleusement bien ce soir.

Dictée de phrases 4 **

a) Que voulez-vous que l'on apporte pour le dîner ?
b) On n'avait pas compris qu'il fallait acheter les billets à l'avance.
c) Les places pour ce concert ont été vendues dans l'heure.
d) On n'a plus le premier volume de ce roman en magasin.
e) Des fantômes ont été aperçus hier, mais on n'a aucune preuve.
f) Je crois qu'on n'a pas prévu assez de chaises dans cette salle.
g) On s'est réunis hier pour répéter le concert, mais on n'a pas repris cette chanson-là.

Dictée de phrases 5 ***

a) Ces animaux ont été maltraités ; que leur a-t-on fait ?
b) Mes camarades ont déjà rendu leur devoir maison de maths.
c) On n'a pas écouté la météo ce matin, mais certains ont entendu qu'il allait pleuvoir.
d) La rue est barrée ; on n'a qu'à prendre le boulevard.
e) On est inquiets car les chiens ont aboyé toute la nuit.
f) Les averses ont ravagé les jardins ; on n'a jamais vu pareille pluie !
g) On a bien vu un éclair, mais on n'a pas encore entendu le tonnerre.

Dictées de révision des règles 41 à 44

L'orthographe des mots ou noms propres signalés par un astérisque est à indiquer.

Dictée 1 Révision des règles 41 et 42

– C'est toi, Marine, qui as eu l'idée d'organiser cette réunion, dit Paul.
– Oui, c'est moi qui ai pensé réunir toute la classe. Je suis sûre que vous trouvez tous que ce dîner de classe est une bonne idée.
La plupart applaudissent. Paul reprend :
– Aucun d'entre nous, à moins de ne pas vouloir venir, ne reste à l'écart. Nous songeons même à inviter nos professeurs, ce qui rassurera nos parents.
Quelques-uns protestent pour la forme, mais personne ne s'oppose à cette idée.

Dictée 2 Révision des règles 43 et 44

On n'appréciera pas nécessairement toutes mes œuvres, mais on admirera le travail. J'ai choisi de les exposer en plein air car elles évoquent la nature. Le tableau *Jardin d'hiver* se présente comme un conte de l'ère glaciaire : des petites fées dansent sur un carré bleu dont l'aire est égale à celle du cercle dessiné à côté. Le bleu évoque l'air pur d'une époque qui ne connaît pas la pollution. Sur le cercle, des petits cubes suggèrent la glace. Bien sûr, certains visiteurs ont trouvé d'autres interprétations. On est totalement libre !

Dictée 3 Révision des règles 42 à 44

Cosette* était déjà passée plusieurs fois devant la vitrine où l'on admirait des jouets inaccessibles. La plupart des enfants n'avaient jamais vu d'aussi belles poupées. Cosette passait près du magasin chaque fois que les Thénardier* l'envoyaient puiser de l'eau. Au retour, épuisée par le poids du seau, elle regardait encore la poupée dont elle rêvait.
– Je suis sûr que tu as traîné en chemin ! lançait Thénardier prêt à la battre à nouveau.

Dictée 4 Révision des règles 41, 42 et 44

Tout le monde admire le génie de Victor Hugo, la diversité de son œuvre, la force de ses engagements. Certains ont critiqué son caractère autoritaire et d'autres n'apprécient pas quelques-unes de ses pages qu'ils jugent trop sévères. On n'a pas tort peut-être de trouver très cruels certains poèmes critiquant Napoléon III ; mais on doit situer ces vers dans le contexte de l'exil. En effet, Victor Hugo vécut durant près de vingt ans dans les îles anglo-normandes car il rejetait le **Second Empire**.

Les noms qui désignent une période historique prennent également une majuscule : la Renaissance, le Siècle des lumières, le Second Empire.

Dictée 5 Révision des règles 41 à 44

Piste 11

Gérard Oury* réalisa *La Folie des grandeurs* en 1971 avec des acteurs connus comme Louis de Funès* et Yves Montand* dans les rôles principaux. On n'oubliera pas que le film reprend une pièce de Victor Hugo, mais les perspectives ont bien sûr changé et on attend des scènes comiques. La parodie, les mimiques des acteurs, la finesse des dialogues, tout provoque le rire. Plus de quarante ans après sa sortie, le film n'a pas pris une ride et nombreuses sont les scènes cultes : le compte des pièces d'or, la danse du valet, le perroquet...

Dictées de révision des règles 1 à 44

Dictée 6 Révision des règles 32 et 42 à 44

Au Moyen Âge, on imaginait que la Terre était le centre du monde et on était sûr que le Soleil se déplaçait au-dessus d'elle. Depuis, on est allé sur la Lune et on semble prêt pour Mars ou du moins peut-on y songer. Toutefois, on n'a pas encore exploré toutes les galaxies et les savants n'ont pas percé les secrets de l'Univers ! **En tout cas**, quand, la nuit, scintillent les millions d'étoiles, je me sens bien peu de chose au sein de l'Univers.

Ne pas confondre les expressions en tou**t** cas et dans tou**s** les cas.

Dictée 7 Révision des règles 18, 23, 41 et 42

Dans *Les Misérables* se nouent les destins de plusieurs personnages attachants. On admire le courage et l'insouciance du jeune Gavroche*. Victor Hugo raconte aussi la triste existence de Fantine* qui se sacrifie pour envoyer de l'argent aux aubergistes à qui elle a confié sa fille Cosette*. Jean Valjean* est un ancien forçat que poursuivent les policiers. Mais il deviendra maire de sa ville sans qu'aucun de ses administrés se plaigne. En mourant, Fantine lui confiera la fillette et il se rendra à l'auberge où elle a été maltraitée.

Dictée 8 Révision des règles 35, 36, 42 et 43

Près du désespoir, Martin composa le numéro de Julien sur son clavier et attendit. S'il n'y avait personne, il appellerait Francesca qui était sans doute chez elle. On décrocha quand eurent retenti au moins quinze sonneries. « Je fais mes exercices de maths et je n'y comprends rien. Je suis sûr pourtant d'avoir la méthode. Ce n'est ni une question de démarche ni une erreur de calcul. Je ne vois pas ce qui ne va pas, mais ma figure ne correspond à rien. Tu m'écoutes ? » Il entendit : « Vous êtes sur le répondeur de... »

Dictée 9 Révision des règles 38, 40, 42 et 44

Notre peau, notre bouche, notre nez abritent des milliards de bactéries qui ont élu domicile dans notre corps. Certaines nous veulent du mal, mais la plupart nous aident. En abusant des antibiotiques, on les a parfois éradiquées. On a longtemps ignoré ces bactéries utiles et on n'a pas bien su les préserver. Aujourd'hui, les biologistes étudient les bactéries et s'en servent pour proposer de nouveaux traitements ; les médecins ne délivrent pas sans nécessité des médicaments.

Dictée 10 Révision des règles 34, 41, 42 et 44

Mme Aubain*, qui comptait les mailles d'un tricot, le posa près d'elle, décacheta la lettre, tressaillit, et, d'une voix basse, avec un regard profond :
« C'est un malheur... qu'on vous annonce. Votre neveu... »
Il était mort. On n'en disait pas davantage.
Félicité tomba sur une chaise, en s'appuyant la tête à la cloison, et ferma ses paupières qui devinrent roses tout à coup.

Gustave Flaubert, « Un cœur simple », *Trois Contes.*

45 LES DIFFICULTÉS LIÉES AUX VERBES DU 1er GROUPE

- **Verbes en *-cer*** → ne pas oublier la cédille devant le **a**, le **o** et le **u** : il plaçait.
- **Verbes en *-ger*** → ne pas oublier le e devant le **a** et le **o** : nous nageons.
- **Verbes en *-ier*** → ne pas oublier le e muet au **présent** et au **futur simple** : je crie ; je crierai, nous crierons.
Ne pas oublier les deux i à l'**imparfait** : je criais, nous criions, vous criiez.
- **Verbes en *-yer*** → le **y** se transforme en i devant un **e** muet : j'essuie, il emploie, nous employons ; j'appuierai, nous appuierons.
– **Exception** : les verbes en ***-ayer*** ont deux possibilités : je paie *ou* je paye.
– Ne pas oublier le i de la terminaison à l'**imparfait** (voir leçon 18) : nous payions, vous employiez ; nous essuyions, vous vous ennuyiez.
- Attention aux verbes en ***-eler*** et ***-eter*** (voir leçon 26).

Dictée de phrases 1 *

a) Alice plaça son fauteuil près de la fenêtre entrouverte.
b) Nageons ensemble jusqu'au phare là-bas !
c) Les Européens voyageaient déjà beaucoup à la Renaissance.

Dictée de phrases 2 *

a) Je multiplie 12,5 par 4,2 et je n'oublie pas la virgule.
b) Vous crierez si vous avez besoin d'aide et je me précipiterai.
c) Autrefois, nous ne skiions que sur des pistes blanches.
d) Je vérifierai demain mon exercice et je n'oublierai pas mon livre.

Dictée de phrases 3 **

a) Je vous paierai demain sans faute.
b) Tu tutoieras tes camarades et vouvoieras tes professeurs.
c) J'appuie sur le bouton qui m'envoie en une seconde dans le passé.
d) Autrefois, nous ne nous ennuyions pas quand nous nous retrouvions !

Dictée de phrases 4 **

a) L'enfant se baissa et laça soigneusement ses chaussures.
b) J'emploie ce chocolat noir pour mon gâteau.
c) Tu avoueras que cette histoire est vraiment extraordinaire !
d) Cette usine ne rejette plus de déchets toxiques dans la rivière.
e) Je renouvellerai demain mon abonnement à ce magazine.

Dictée de phrases 5 ***

a) Appuyez sur le bouton vert pour mettre en marche la machine.
b) La fillette se balançait quand son cousin se plaça juste devant elle.
c) À l'horizon, le soleil flamboie avant de disparaître.
d) Nous n'oublierons pas ce que vous avez fait pour nous aujourd'hui.
e) Est-ce que tu délaies le chocolat dans du lait chaud auparavant ?
f) Ce cordonnier ressemelle les chaussures de façon très soigneuse.

LES ACCORDS COMPLEXES DANS LE GROUPE NOMINAL

46

• Les **adjectifs qualificatifs** et les **déterminants** s'accordent avec le nom auquel ils se rapportent : tous les jours de l'année ; une idée originale.
Attention aux **adjectifs de couleur** (voir leçon 34) ! des robes bleues et marron

• Attention aux **noms composés** :
– au singulier, certains noms composés prennent un -s car le sens le demande ;
un porte-bagages (*plusieurs bagages*), un porte-avions (*plusieurs avions*)
– les noms et les adjectifs peuvent se mettre au pluriel si le sens le demande ;
des wagons-lits, des timbres-poste (*pour la poste*)
– les verbes, les adverbes et les prépositions sont invariables :
des porte-clés (*verbe* porter), des haut-parleurs (haut *est ici un adverbe*),
des arrière-boutiques (*adverbe* arrière)
– La **réforme de l'orthographe** de 1990 autorise : portemonnaie, piquenique, croquemonsieur, faitout, porteclé, tirebouchon, chauvesouris...

Dictée de phrases 1 *

a) Ces chapeaux de paille sont très originaux.
b) J'ai renversé tout un paquet de pâtes italiennes dans la cuisine !
c) Je t'offrirai une paire de lunettes de soleil pour ton anniversaire.

Dictée de phrases 2 *

a) Ce polo à rayures orange et bleues te va très bien.
b) Quelqu'un a laissé quatre feutres orange et roses sur sa table.
c) N'avez-vous pas trouvé des gants marron dans cette salle ?

Dictée de phrases 3 **

a) Mon frère collectionne les porte-clés depuis toujours.
b) Les haut-parleurs diffusent une musique très entraînante.
c) Les arrière-boutiques sont souvent très amusantes à visiter.
d) Les bouteilles d'eau sont rangées dans le porte-bouteilles.

Dictée de phrases 4 **

a) Cette boîte de bonbons est soigneusement enveloppée.
b) Je voudrais deux paquets de farine de seigle.
c) Les wagons-lits sont particulièrement confortables.
d) Je cherche un étui à lunettes à carreaux roses et jaune citron.
e) Plusieurs rouges-gorges viennent manger sur le bord de ma fenêtre.

Dictée de phrases 5 ***

a) J'ai acheté une pochette contenant huit liasses de copies doubles.
b) Aimez-vous les choux-fleurs et les choux de Bruxelles ?
c) Ce n'est pas avec des passe-partout que l'on peut ouvrir des coffres-forts !
d) Nous avons installé des va-et-vient électriques et changé les compteurs d'eau.
e) Tu peux oublier tes arrière-pensées jalouses et m'aider à réparer mes cerfs-volants.

47 LEUR/LEURS

• Il ne faut pas confondre le **déterminant possessif *leur* qui s'accorde** et le **pronom personnel *leur* invariable.**

• Le déterminant **leur** est placé *devant un nom* alors que le pronom **leur** se trouve *devant un verbe* ; c'est le pluriel de ***lui***.
J'ai rendu **leur** livre (*un seul livre*) et **leurs** stylos (*plusieurs stylos*) à mes amis. – Je **leur** (*lui*) ai rendu **leurs** affaires.

• Le pronom possessif **le leur** s'écrit au pluriel **les leurs**.
C'est leur livre. → C'est **le leur**. – Ce sont leurs stylos. → Ce sont **les leurs**.

Dictée de phrases 1 *

a) Marc et François ont oublié leur paire de gants.
b) Certains élèves ont apporté leur short mais pas leurs chaussures de sport.
c) Théo et Samuel ne sont pas là ; qui a de leurs nouvelles ?

Dictée de phrases 2 *

a) J'ai rencontré leurs grands-parents et ils sont très gentils.
b) J'emprunte des stylos à mes amis, mais je les leur rends.
c) Elles ont laissé leurs livres de maths et d'histoire à la maison.
d) Ces enfants sont petits ; il faut leur donner la main dans la rue.

Dictée de phrases 3 **

a) J'ai croisé tes amis et je leur ai dit que tu les attendais.
b) Les chiens de cette espèce perdent leurs poils à la fin de l'hiver.
c) Les automobilistes ont fait demi-tour car un arbre leur barrait la route.
d) Les moineaux viennent chaque matin ; leur habitude est de frapper à la fenêtre.
e) Les coureurs arriveront à 10 (dix) heures ; vous leur remettrez le plan du parcours.

Dictée de phrases 4 **

a) Le professeur leur a dit de cesser immédiatement leur dispute.
b) Très aimable, la boulangère leur a donné un bonbon à chacun.
c) Ne fais pas attention à leur opinion et décide par toi-même.
d) Je vais appeler mes cousins et leur demander leur avis sur cette affaire.
e) Ces perroquets avec leurs plumes de toutes les couleurs sont magnifiques.
f) Nos correspondants sont restés un mois et nous leur avons montré la région.

Dictée de phrases 5 ***

a) Ces cerisiers semblent nous tendre leurs fruits sucrés !
b) Leila et Iris se connaissent depuis dix ans et comptent sur leur amitié.
c) Les élèves sont prêts ; leur professeur leur a dit de l'attendre devant la grille.
d) Ces plages sont réputées pour la qualité de leur eau et pour leur sécurité.
e) Tom et Benoît étaient absents hier et je leur explique la leçon de maths.
f) Les joueurs écoutent leur entraîneur qui leur prodigue ses derniers conseils.
g) Mes cousins habitent en Espagne et je leur envoie des messages chaque semaine.

48 L'AI/L'EST/LES

• Il ne faut pas confondre **l'ai** (pronom personnel + verbe *avoir*), **l'est** (pronom personnel + verbe *être*) et **les** (déterminant ou pronom personnel).
Je n'ai pas vu **les** (*déterminant*) surveillants, mais je **les** (*pronom personnel*) cherche.

• On rencontre **l'ai** à la 1re personne et on peut le remplacer par ***l'aurai***.
Ce film est beau ; je **l'ai** (*l'aurai*) regardé avec plaisir.
Attention à l'accord du participe passé avec **l'ai** : Cette histoire, je l'ai déjà lue.

• **L'est** peut être remplacé par ***le sera***.
Pour être heureux, il **l'est** (*le sera*) !

Dictée de phrases 1 *

a) J'ai vu ton petit frère et je ne l'ai pas reconnu.
b) Pierre est ravi de ce projet et Marc l'est également.
c) Léo a déménagé l'an dernier et je l'ai perdu de vue.

Dictée de phrases 2 *

a) Tu peux prendre ce DVD : je l'ai déjà regardé.
b) Le jardinier balaye les feuilles et les met en tas au fond du jardin.
c) Si vous consultez les dictionnaires, remettez-les ensuite sur l'étagère.
d) Ce gâteau sentait trop bon et je l'ai mangé en entier !

Dictée de phrases 3 **

a) Le randonneur appelle ses chiens et les emmène se promener.
b) Je suis d'accord avec Jean-Baptiste ; si tu l'es aussi, allons-y.
c) Comme je vous l'ai dit, les planètes ne scintillent pas comme les étoiles.
d) Vous êtes dans un parc naturel, et si vous voyez des fleurs, vous ne les cueillez pas.
e) Je ne peux pas garder ce secret pour moi et je l'ai raconté à mon professeur.

Dictée de phrases 4 **

a) J'ai réuni différents articles sur le sujet et maintenant je vais les lire.
b) Tom et Sabrina sont au courant : je les ai prévenus hier.
c) J'ai posé mes clés dans l'entrée et je les ai oubliées.
d) J'ai acheté une baguette de pain et je l'ai rangée dans la huche.
e) Nous sommes enchantés de notre journée ; tant mieux si tu l'es également.
f) J'ai bien emprunté ces deux romans, mais je les ai rapportés hier.

Dictée de phrases 5 ***

a) Tu as l'air très étonné ; pourquoi l'es-tu à ce point ?
b) J'ai des timbres assez rares et je les range soigneusement.
c) Je suis allé voir le dernier *James Bond* hier et je l'ai beaucoup aimé.
d) J'ai donné rendez-vous à mes amis et je vais les attendre devant la piscine.
e) Je comptais demander un conseil à Marie, mais je ne l'ai pas croisée ce matin.
f) Pierre était à l'entraînement hier ; je l'ai vu, ainsi que ses amis, et je les ai invités.
g) L'an dernier, je rentrais du collège avec mes amis et je les quittais au coin de ma rue.

Dictées de révision des règles 45 à 48

L'orthographe des mots ou noms propres signalés par un astérisque est à indiquer.

Dictée 1 Révision des règles 45 et 46

– Que signifie cette stupide farce ? s'écrie Fanny en pénétrant dans sa chambre. Notre cousine nous ayant dit qu'elle aimait la fantaisie, nous avions eu l'idée de modifier sa chambre. Quand nous étions petits, nous nous réfugiions souvent derrière un paravent qui cachait un lavabo ; nous avions glissé ce paravent derrière une armoire et disposé des plantes dans le lavabo. Le bureau était renversé et ses quatre pieds servaient de portemanteau. Les abat-jour avaient été remplacés par des œuvres colorées de notre composition.
– Nous essaierons de tout remettre comme avant ; c'est promis !

Dictée 2 Révision des règles 47 et 48

Aujourd'hui, le vaisseau a donné quelques signes de fatigue. Les hommes n'ont rien vu et je ne leur ai rien dit, de peur de les inquiéter. Les machines ont besoin d'être révisées, rechargées et leurs différents engrenages magnétiques réorientés. Je les réactive chaque matin en vain. Comme le poste de contrôle indiquait des dysfonctionnements inquiétants, je l'ai interdit à l'équipage. Notre voyage interstellaire touche à sa fin ; mais arriverons-nous à temps ? Je m'inquiète et je l'ai dit à mon second. Les étoiles semblent me parler ; je leur ai demandé conseil et j'essaie de les comprendre. Suis-je en train de devenir fou ?

Dictée 3 Révision des règles 46 et 47

Des milliers de curieux viennent chaque année visiter le musée de la base lunaire qui abrite de nombreux chefs-d'œuvre du vingt et unième siècle. Quand les visiteurs ont présenté à l'entrée leurs deux laissez-passer, on leur remet leurs deux badges. Ceux qui s'intéressent aux techniques utiliseront le badge rouge pour visiter les vingtième et vingt et unième sous-sols, mais c'est le département des œuvres d'art (badge bleu) qui est le plus curieux : on y découvre des créations aussi étonnantes que des porte-clés ou des grille-pain.

Dictée 4 Révision des règles 45 et 48

Je passe mon temps à chercher mes affaires. Toute petite déjà, je ne savais pas où étaient cachées mes peluches préférées. Aujourd'hui, rien n'a changé : la plupart de mes affaires se cachent quand je les cherche. Je crois que mon livre de mathématiques est sous mon lit alors que je l'ai rangé sur mon étagère. Et le cahier d'exercices d'anglais ? Je l'ai mis sous le lit ! J'oublierai un jour à quel étage se trouve mon appartement et j'appuierai sur n'importe quelle sonnette !

Dictée 5 Révision des règles 45 à 48

Piste 12

Au début du dix-neuvième siècle, les écrivains romantiques ne s'appuient plus sur les auteurs classiques ; Molière et Racine* leur ont légué des règles qu'ils rejettent. *Liberté, fantaisie* sont leurs mots-clés. Alphonse de Lamartine* et Victor Hugo sont les porte-parole combatifs de ce nouveau mouvement. En 1830, les spectateurs se battent lors de la première représentation d'***Hernani**** de Hugo. Je l'ai lu et ne crie pourtant pas au scandale ! Si la nouveauté romantique ne nous effraie plus aujourd'hui, c'est qu'elle ne nous étonne plus.

Il faut penser à souligner les titres des œuvres (*italique* pour le traitement de texte) et à leur mettre une majuscule : Hernani.

Dictées de révision des règles 1 à 48

Dictée 6 Révision des règles 12, 38, 45 et 47

En 1830, la première pièce que le jeune Musset* a écrite est sifflée. Le public rit et crie au scandale ; Musset, vexé, rejette la scène. Si les gens se moquent de ses pièces, décide-t-il, il ne leur en montrera plus : il écrira pour des lecteurs ; leur goût est plus sûr. Ce sera le début du *Spectacle dans un fauteuil*, un recueil qui rassemble des pièces qui ne sont pas destinées à être représentées. Aujourd'hui, certaines des pièces que Musset a composées pour ses lecteurs sont jouées et très appréciées.

Dictée 7 Révision des règles 20, 42, 47 et 48

Tom pense avoir laissé son porte-clés dans la cour ; il l'a cherché mais ne l'a pas retrouvé. « Je suis sûr que je l'ai laissé là », insiste-t-il. Un surveillant lui explique que la plupart des élèves sont aussi sûrs d'eux mais que, finalement, ils retrouvent leurs clés de vélo et de maison ou leur ballon ailleurs. À ce moment-là, un petit groupe d'élèves s'approche. L'un d'eux tient un porte-clés sur lequel s'entrecroisent deux arcs-en-ciel ; trois clés sont attachées. « Si c'est celui-là, il était en salle 26. »

Dictée 8 Révision des règles 40, 45, 47 et 48

Le duc de Nemours et la princesse de Clèves* se rencontrent pour la première fois.*
Quand ils commencèrent à danser, il s'éleva dans la salle un murmure de louanges. Le roi et les reines se souvinrent qu'ils ne s'étaient jamais vus, et trouvèrent quelque chose de singulier de les voir danser **ensemble** sans se connaître. Ils les appelèrent quand ils eurent fini sans leur donner le loisir de parler à personne et leur demandèrent s'ils n'avaient pas bien envie de savoir qui ils étaient et s'ils ne s'en doutaient point.

Mme de Lafayette, *La Princesse de Clèves.*

Ensemble est un adverbe ; il est donc invariable.

Dictée 9 Révision des règles 13, 42, 44 et 46

Ce peuple avait vu s'écouler un siècle entier pendant lequel les beaux-arts s'élevèrent à un degré de perfection qu'on n'aurait jamais osé espérer ; les étrangers venaient alors, comme à Babylone*, admirer les grands monuments d'architecture, les prodiges des jardins, les sublimes efforts de la sculpture et de la peinture. Ils étaient enchantés d'une musique qui allait à l'âme sans étonner les oreilles. [...]
Les théâtres surtout retentirent de chefs-d'œuvre dont aucun peuple n'approcha jamais.

Voltaire, *La Princesse de Babylone.*

Dictée 10 Révision des règles 2, 42, 47 et 48

On descendit au parc de Royat* pour écouter la musique, et Gontran*, prenant le bras de Charlotte, partit avec elle en avant. L'armée de baigneurs, sur les chaises, autour du kiosque où le chef d'orchestre battait la mesure aux cuivres et aux violons, regardait défiler les promeneurs. Les femmes montraient leurs robes, leurs pieds allongés jusqu'au barreau de la chaise voisine, leurs fraîches coiffures d'été qui les faisaient plus charmantes.

Guy de Maupassant, *Mont-Oriol.*

49 LES DIFFICULTÉS DES VERBES DU 3e GROUPE

Quelques verbes du 3e groupe présentent des particularités :

• **Verbes en *-indre* et *-soudre*** : au singulier du présent de l'indicatif, leurs terminaisons diffèrent de celles des autres verbes en *-dre*. Ils suivent le modèle du verbe *venir* : **-s**, **-s**, **-t**.
je crains, tu crains, il craint, nous craignons ; je joins, tu joins, il joint ; j'éteins, tu éteins, il éteint ; je résous, tu résous, il résout, nous résolvons

• **Verbes en *-tre*** : le *-i* du radical prend un **accent circonflexe** devant un **-t** (règle facultative depuis la réforme de 1999).
je connais, il connaît ; je connaîtrai, je connaissais

• Certains verbes **doublent le r** au futur et au présent du conditionnel.
je courrai, je courrais ; je mourrai, je mourrais ; je pourrai, je pourrais ; je verrai, je verrais ; j'acquerrai, j'acquerrais ; je conquerrai, je conquerrais

Dictée de phrases 1 *

a) Mon frère repeint sa chambre en vert pomme.
b) Ce morceau de sucre ne se dissout pas dans l'eau !
c) Je crains que Solène soit, une fois de plus, en retard.

Dictée de phrases 2 *

a) Il paraît que ce sera une saison à champignons.
b) Nous partons en Australie ; nous ne connaîtrons plus les hivers rigoureux !
c) Tu as beaucoup grandi et je ne te reconnaissais pas !

Dictée de phrases 3 **

a) Allez-y ; je ferme la maison et je vous rejoins à la patinoire.
b) Je te défends d'entrer dans ma chambre et tu enfreins cette règle !
c) Tu courras le cent mètres en onze secondes si tu t'entraînes !
d) Je ne pourrai certainement pas y arriver seul ; tu verras si tu as le temps de m'aider.

Dictée de phrases 4 **

a) Si tu résous cette équation, je t'offre une glace !
b) Tu remettras ce dictionnaire à sa place quand tu auras fini.
c) Ne gaspille pas l'électricité et éteins la lumière en partant.
d) Tu prends le chemin à droite et tu atteins le sommet en un quart d'heure.
e) Le phénix est un oiseau mythologique qui renaît de ses cendres.

Dictée de phrases 5 ***

a) En t'entraînant, tu acquerras des réflexes.
b) Hercule Poirot mène l'enquête et résout l'énigme.
c) Mon chat aime sa tranquillité et souvent il feint de dormir.
d) Si tu apprends tes leçons et n'enfreins pas les règles, tu pourras progresser.
e) Si tu crains que je ne réussisse pas les travaux que j'entreprends, tu fais erreur.
f) *J'avoue, je couds, je résous* : tout cela est si facile maintenant !

50 L'ADJECTIF QUALIFICATIF ET L'ADVERBE – LES ADVERBES EN *-MENT*

• Les **adjectifs qualificatifs s'accordent** alors que les **adverbes sont invariables.**
Ils sont **rapides**. – Ils courent vite. – Ils travaillent ensemble. – Ils habitent loin.

• Attention aux mots qui sont tantôt adjectifs, tantôt adverbes !
Ils sont **forts**. – Ils parlent fort.
les **hauts** sommets ; les gens haut placés

• Les **adverbes en *-ment*** se forment à partir des adjectifs correspondants. Quand l'adjectif se termine par *-ant* ou *-ent*, on double le **m**.
rapide → rapide**ment** ; vif/vive → vive**ment** ; heureux/heureuse → heureuse**ment** ;
courant → coura**mment** ; violent → viole**mment**

Dictée de phrases 1 *

a) En travaillant tous ensemble, nous allons y arriver.
b) Nous sommes restés debout durant tout le spectacle.
c) Mina et Théo sont rapides et seront vite là.

Dictée de phrases 2 *

a) Les cheveux courts te vont vraiment bien.
b) Nous avons coupé court à la discussion.
c) Vous devez chanter juste pour faire partie de notre chorale.
d) Ta réponse est fausse car tes multiplications ne sont pas justes.

Dictée de phrases 3 **

a) Les musiciens ont été vivement applaudis.
b) Parlez-vous couramment russe et chinois ?
c) Pourquoi m'as-tu parlé si méchamment ?
d) Les arbres sont violemment secoués par le vent.
e) Nous nous enfoncions pesamment dans la neige fraîchement tombée.

Dictée de phrases 4 **

a) Ces œillets sentent délicieusement bon.
b) Avez-vous de bons souvenirs de vos vacances en Italie ?
c) Ces trois élèves arrivent constamment en retard !
d) Tu devrais organiser intelligemment ton travail et relire posément.
e) Les hauts dignitaires seront placés au premier rang lors de la cérémonie.
f) Nous sommes fort contents de nos progrès en orthographe.

Dictée de phrases 5 ***

a) Nous sommes sortis précipitamment quand l'alarme a retenti.
b) Ces sportifs sont vraiment très rapides ; comment courent-ils si vite ?
c) Les chevaux s'arrêtent net quand on leur en donne l'ordre.
d) Je crois que les touristes sont repartis fort satisfaits de cette visite guidée.
e) Faisons cet exercice ensemble ; nous y verrons certainement plus clair.
f) Vous chantez tous les deux beaucoup trop fort et on n'entend pas les autres !

51 TOUT/TOUS

• **Tout, déterminant**, s'accorde avec le nom qu'il accompagne.
tout l'exercice ; **tous** les jours ; **toute** la soirée ; **toutes** ces années

• **Tout, pronom**, s'accorde avec le nom qu'il remplace.
Tout est possible. – **Tous** (*mes amis*) sont venus ; **toutes** (*mes amies*) sont là.

• **Tout, adverbe**, est invariable. Mais il s'accorde au **féminin** quand le mot qui suit commence par une *consonne* ou un *-h* aspiré.
Ils sont **tout** (*très*) contents. – Elles sont **tout** (*très*) émues. – Elle est **toute** contente ; elles sont **toutes** contentes. – Elle est **toute** honteuse.

Dictée de phrases 1 *

a) Tous les jours, nous nous retrouvons au coin de la rue.
b) J'ai oublié dans le car toutes mes affaires de piscine !
c) Tout le monde connaît toutes ses tables de multiplication.

Dictée de phrases 2 *

a) Tous mes amis sont invités et tous viendront !
b) À qui appartiennent toutes ces copies doubles ?
c) Un bon fauteuil et un bon DVD, c'est tout ce qu'il me faut.
d) Maeva descendait la rue à toute vitesse avec ses rollers et elle a été renversée.

Dictée de phrases 3 **

a) Tes cahiers sentent bon ; ils sont tout neufs !
b) Adèle est tout attentive quand on lui explique la leçon.
c) Nous avons été tout étonnés de votre absence hier.
d) Leila et Alice sont tout accueillantes quand nous les rencontrons.
e) Leila et Alice sont toutes reconnaissantes et elles vous remercient toutes les deux.

Dictée de phrases 4 **

a) Philippe ne m'a rien laissé ! Il a tout pris !
b) Tu travailles tout le temps ; il faut que tu te reposes.
c) Tous mes amis sont invités à cet anniversaire.
d) Nous nous sommes tous organisés pour aller voir Paul à l'hôpital.
e) Nous sommes tout à fait ravis de cette journée au bord de la mer.
f) Mes camarades sont toutes contentes car elles habitent tout près l'une de l'autre.

Dictée de phrases 5 ***

a) Zoé fait tout son possible pour que tout soit prêt à temps.
b) J'ai parlé à Léo de notre projet et il est tout feu tout flamme.
c) Marina et Théo seront tout contents de cette bonne nouvelle.
d) Ne disons rien et elles seront toutes surprises de nous voir arriver.
e) Le chien dressa tout à coup ses oreilles et se précipita hors du jardin.
f) En Grèce, j'ai bien aimé les maisons toutes blanches et leurs volets tout bleus.
g) Mes camarades sont tout à fait d'accord pour m'apporter les devoirs tous les soirs.

MON/M'ONT ; TON/T'ONT ; SON/SONT

• Il ne faut pas confondre les déterminants possessifs **mon, ton** et **son** avec **m'ont, t'ont** et **sont**. Les déterminants accompagnent les noms.
mon carnet de santé ; **ton** compas ; **son** cousin

• **M'ont** et **t'ont** sont constitués du verbe *avoir* et des pronoms personnels *me* ou *te*. On peut mettre le verbe au **futur simple**.
Mes camarades **m'ont** (*m'auront*) aidé(**e**) ; ils **t'ont** (*t'auront*) encouragé(**e**).
Attention à l'accord du participe passé (voir leçon 38) !

• **Sont** est une forme du verbe *être*. Nos amis **sont** (*seront*) arrivés.

Dictée de phrases 1 *

a) Qui a pris mon livre de géographie ?
b) Les professeurs m'ont dit que j'avais bien progressé.
c) Mon bus part dans cinq minutes et je ne veux pas le manquer.

Dictée de phrases 2 *

a) Son frère ressemble énormément à son père.
b) Les déménageurs sont venus faire un devis hier matin.
c) Son blouson est resté dans le vestiaire une fois de plus !
d) Pierre a perdu son écharpe ; ses amis sont venus nous aider à la retrouver.

Dictée de phrases 3 **

a) Je t'emprunte ton compas si cela ne t'ennuie pas.
b) Pourquoi tes camarades ne t'ont-ils pas apporté les devoirs ?
c) Mon médecin m'a conseillé ces vitamines qui m'ont remis sur pied.
d) J'ai rencontré tes cousins hier et ils m'ont demandé si tu étais heureux au collège.
e) Les professeurs t'ont donné des conseils précis pour progresser.

Dictée de phrases 4 **

a) Tu devrais prendre ton parapluie car les nuages sont très noirs.
b) Le CPE demande à Paul : « Les surveillants t'ont-ils autorisé à quitter le collège ? »
c) À mon avis, les épisodes de cette série ne sont pas tous très réussis.
d) Mes parents m'ont proposé de partir quinze jours en Irlande cet été.
e) Pourquoi tes chats sont-ils aussi familiers avec moi ?
f) Les articles de cette revue m'ont appris beaucoup de choses sur notre planète.

Dictée de phrases 5 ***

a) Quand tes camarades sont-ils passés prendre de tes nouvelles ?
b) Je rassure Alice : « Ce sont les dirigeants du club qui t'ont invitée à participer. »
c) Je ne sais pourquoi les surveillants m'ont demandé de passer au bureau.
d) Mes cousins sont en vacances en Espagne et ils m'ont envoyé une carte postale.
e) Anne se demande : « Pourquoi mes camarades ne m'ont-ils pas élue déléguée ? »
f) Tom interroge Léa : « Est-ce que ce sont des fantômes qui t'ont effrayée ? »
g) Jeanne explique : « Lina a téléphoné ; son père et son frère m'ont aussi appelée. »
h) Mes parents t'ont offert un DVD et ils m'ont donné un livre d'orthographe !

Dictées de révision des règles 49 à 52

L'orthographe des mots ou noms propres signalés par un astérisque est à indiquer.

Dictée 1 Révision des règles 49 et 50

Le matériel qui est rangé dans l'armoire au fond de la salle appartient à l'atelier d'arts plastiques dont je fais partie depuis deux ans. Les feuilles et les pinceaux y sont soigneusement rangés et le professeur garde l'armoire fermée à clé, car il craint que certains se servent sans permission. En ce moment, je peins un paysage lunaire éclairé par un Soleil étrangement bleu. Nous travaillons ensemble sur la représentation de l'espace. Nos œuvres, notamment nos visions des lointaines galaxies, seront exposées au CDI.

Dictée 2 Révision des règles 49 et 52

– Mes grands-parents m'ont offert mon premier cerf-volant quand j'avais six ans et maintenant je prends part à des compétitions. Veux-tu lancer celui-ci ?
– Je crains de tout casser ! Les ailes de ton oiseau sont si longues ! Est-ce ton œuvre ?
– Oui, je dessine mes cerfs-volants, puis je résous les éventuels problèmes durant les essais. Je travaille souvent seul, mais mon cousin et son voisin m'ont parfois donné un coup de main.

Dictée 3 Révision des règles 50 et 51

Nous avions travaillé dur pour dégager le chemin qui menait à la grotte indiquée sur la carte. Ensemble, nous avions coupé les branches au fur et à mesure de notre progression, dérangeant des insectes qui nous piquaient méchamment. Les épines nous griffaient constamment. Nos mains étaient ensanglantées. Nous étions tous épuisés, mais fort excités à l'approche du but. Les vases en or et les pierres précieuses ne devaient plus être bien loin. Tous les indices de la carte concordaient et nous étions vraiment tout proches.

Dictée 4 Révision des règles 51 et 52

– Mon produit anti-moustiques est inefficace : ces maudits insectes m'ont encore piqué !
– Non, Thomas : ce sont plutôt des araignées géantes qui t'ont piqué ! Tu devrais demander à Jim son avis ; ton bras a doublé de volume : on dirait une patte d'éléphant ! Tous ces insectes me rendent fou ! Nous serons tous dévorés avant d'avoir trouvé le trésor !
– Certains insectes sont tout petits et pourtant ils sont tout aussi voraces que des vampires ! Le trésor est protégé par toute une armée d'insectes !

Dictée 5 Révision des règles 49 à 52 Piste 13

Connaissez-vous le film *The Kid* de Charlie Chaplin* ? Je le range évidemment parmi mes films préférés. Je crains que vous n'aimiez pas le cinéma en noir et blanc et notamment le cinéma muet ; mais ce film-là ne déçoit personne ! Je l'ai vu dix fois et je connais si bien toutes les scènes que je peux les rejouer dans ma tête. Je ne leur vois vraiment aucun défaut. Les apparitions du policier et les gestes tout saccadés de Chaplin m'ont fait rire à chaque fois. L'**affection** de Charlot* pour le bébé qu'il trouve dans la rue est touchante et la scène où le policier et le médecin veulent les séparer m'émeut toujours.

Les mots commençant par **af-** doublent le plus souvent le **f** : affection, affreux, affliction, affirmer...
Quelques exceptions : afin, Afrique, africain, Afghanistan...

Dictées de révision des règles 1 à 52

Dictée 6 Révision des règles 43 et 49 à 51

Les jumeaux pensent avoir eu une idée de génie. Ils sont sûrs du succès. Tandis que l'un feint de se trouver mal dans le couloir, l'autre, en position près de la chambre de Marine, se tient prêt à intervenir. Entendant du bruit, la jeune fille sort **précipitamment** pour secourir son frère à terre tandis que l'autre garçon se faufile dans la chambre et dépose sur le lit les trois fausses araignées. Le malade s'étant relevé très rapidement, Marine, méfiante, retourne prudemment dans sa chambre. Elle voit les araignées, sourit et ne crie pas. Ses frères, tout anxieux, attendent vainement dans l'escalier.

Certains adverbes sont formés à partir du **participe présent** :
précipit**ant** → précipita**mm**ent ; not**ant** → nota**mm**ent.

Dictée 7 Révision des règles 47, 48, 51 et 52

Marine range, dans son placard, les trois fausses araignées et appelle son amie Rebecca : « Ensemble, mes frères sont tout fous et me font tous les jours des blagues stupides ! Ils m'ont fait croire que l'un était malade pour me faire sortir de ma chambre ! C'était **faux** et je l'ai tout de suite compris ! Il faudrait les séparer. Tu ne veux pas en prendre un chez toi ? En tout cas, on pourrait le leur faire croire. Et si tu nous envoyais un courrier disant que tu es tout à fait d'accord pour en employer un vingt heures sur vingt-quatre ? »

On peut trouver un -x au singulier : faux, un prix, une noix, la paix...

Dictée 8 Révision des règles 20, 45, 50 et 51

Elle n'était pas grande, mais elle le semblait, tant sa fine taille s'élançait hardiment. Elle dansait, elle tournait, elle tourbillonnait sur un vieux tapis de Perse*, jeté négligemment sous ses pieds ; et chaque fois qu'en tournoyant sa rayonnante figure passait devant nous, ses grands yeux noirs vous jetaient des éclairs.
Autour d'elle tous les regards étaient fixes, toutes les bouches ouvertes.

Victor Hugo, *Notre-Dame de Paris.*

Dictée 9 Révision des règles 3, 37, 45 et 49

Le grondement du fleuve monte derrière la maison. La pluie bat les carreaux depuis le commencement du jour. Une buée d'eau ruisselle sur la vitre au coin fêlé. Le jour jaunâtre s'éteint. Il fait tiède et fade dans la chambre.
Le nouveau-né s'agite dans son berceau. Bien que le vieux ait laissé, pour entrer, ses sabots à la porte, son pas a fait craquer le plancher : l'enfant commence à geindre. La mère se penche hors de son lit afin de le rassurer ; et le grand-père allume la lampe en tâtonnant, pour que le petit n'ait pas peur de la nuit.

Romain Rolland, *Jean-Christophe*,

Dictée 10 Révision des règles 8, 31, 50 et 52

Lalla, une jeune fille du désert, se retrouve à Marseille où elle apprend « à glisser silencieusement le long des murs ».*
Mais maintenant, les mois ont passé, et Lalla s'est transformée. Elle a coupé ses cheveux court ; ils sont ternes, presque gris. Dans l'ombre des ruelles, dans le froid humide de l'appartement d'Aamma*, la peau de Lalla s'est ternie aussi ; elle est devenue pâle et grise.

Jean-Marie Gustave Le Clézio, *Désert*,

53 LE FUTUR SIMPLE ET LE PRÉSENT DU CONDITIONNEL

• Les terminaisons du **futur simple** : -ai, -as, -a, -ons, -ez, -ont.

• Les terminaisons du **présent du conditionnel** : -ais, -ais, -ait, -ions, -iez, -aient.

• Le futur simple exprime une action certaine et le présent du conditionnel une action soumise à une condition ou atténuée par politesse.

• Pour éviter de confondre ces deux temps à la **1re personne** (ai/ais), il suffit de mettre le verbe à la 3e personne du singulier.
Il sait que je viendrai (*qu'il viendra*). – Il savait que je viendrais (*qu'il viendrait*).
J'aimerai (*il aimera*) sûrement ce livre. – J'aimerais (*il aimerait*) que tu viennes.

Dictée de phrases 1 *

a) C'est promis : demain soir, je saurai mon rôle par cœur.
b) Après le déjeuner, j'irai consulter des documents au CDI.
c) L'été prochain, je déménagerai pour habiter en centre-ville.

Dictée de phrases 2 *

a) J'avais compris que tu m'apporterais les devoirs.
b) Quand tu passeras à la maison, je te montrerai mes photos.
c) Je finirai la peinture de ce mur demain matin.
d) Si le soleil était trop puissant, je mettrais une casquette.

Dictée de phrases 3 **

a) Quand tu me le demanderas, j'irai réserver les places.
b) Ce pantalon bleu me plaît et je voudrais bien l'essayer.
c) J'aimerais m'inscrire au club « informatique » mais je ne sais pas comment faire.
d) Je donnerai à mon jeune voisin les vêtements qui sont trop petits pour moi.
e) Si je réussis ce contrôle de français, j'aurai une bonne moyenne ce trimestre.

Dictée de phrases 4 **

a) Je voudrais connaître les heures d'ouverture du magasin.
b) Est-ce que je t'ai dit que j'aimerais être chirurgien plus tard ?
c) Si c'était permis, je cueillerais des fleurs pour mon herbier.
d) Je me présente comme délégué de classe et je recueillerai de nombreuses voix.
e) Je vous accompagnerais volontiers au cinéma si mes parents étaient d'accord.
f) Je serai prêt pour la compétition à condition de m'entraîner tous les soirs.

Dictée de phrases 5 ***

a) S'il le fallait, je pourrais me lever encore plus tôt.
b) Mardi prochain, je passerai voir Vincent qui est encore malade.
c) Je courrais plus vite si mes chaussures n'étaient pas trop petites.
d) Si le temps s'arrange, je pourrai te proposer une promenade en mer.
e) Ne m'as-tu pas dit qu'avec ta machine je pourrais voyager dans le temps ?
f) Tu savais bien que j'étais naïf et que je te croirais ! Je me vengerai !
g) Si j'avais eu le numéro de téléphone de Marguerite, je l'aurais prévenue.

LES DÉTERMINANTS NUMÉRAUX 54

- Les déterminants numéraux (numéraux cardinaux) sont invariables, sauf **vingt** et **cent** quand ils sont multipliés et non suivis par un autre nombre.
80 = 4 × 20 → quatre-vingts ; 300 = 3 × 100 → trois cents ;
2 020 (2 000 + 20) → deux mille vingt (vingt *n'est pas multiplié*) ;
2 100 = 2 000 + 100 → deux mille cent (cent *n'est pas multiplié*) ;
90 → quatre-vingt-dix (vingt *est suivi d'un nombre*) ;
412 → quatre cent douze (cent *est suivi d'un nombre*)
- **Millier** (= mille), **million** et **milliard** prennent un -s au pluriel : trois millions.

Dictée de phrases 1 *

a) Je n'ai que quatre bonbons à vous proposer.
b) Cette ville compte environ douze mille habitants.
c) Si vous achetez ce pull, je peux vous faire une réduction de quinze pour cent.

Dictée de phrases 2 *

a) Nous pensons réunir trois cents personnes pour notre spectacle.
b) Quarante-quatre plus cent cinquante-six, cela fait deux cents.
c) Je vous envoie un chèque de quatre-vingts euros.
d) Nous partons huit jours ; notre trajet à vélo est de deux cents kilomètres.

Dictée de phrases 3 **

a) Ajoutez quatre-vingts grammes de beurre à la pâte.
b) J'ai battu le record académique du deux mille mètres.
c) Victor Hugo est l'auteur d'un roman intitulé *Quatre-vingt-treize*.
d) Deux milliers de personnes se sont réunies sur le stade.
e) Mon grand-oncle a quatre-vingt-douze ans et ma grand-tante quatre-vingt-neuf.

Dictée de phrases 4 **

a) Marine me doit très exactement trente euros quatre-vingt-trois centimes.
b) Mon grand-père assure qu'il vivra au moins cent vingt ans !
c) Molière et La Fontaine ont vécu au dix-septième siècle.
d) Je me demande comment nous vivrons en l'an deux mille cent.
e) On ne pourra pas acheter cette machine à laver le linge avec deux cent vingt euros.
f) Si tu as mis six cent vingt grammes de sucre, tu as fait erreur : cent vingt suffisent !

Dictée de phrases 5 ***

a) Cette étoile se trouve à des milliards d'années-lumière de la Terre.
b) Balzac est un romancier réaliste du dix-neuvième siècle.
c) Trois millions d'exemplaires de ce livre ont déjà été vendus.
d) Stéphane faisait les cent pas devant le collège quand je suis arrivé.
e) Ce manteau vaut deux cents euros ici et deux cent douze dans un autre magasin.
f) J'ai trouvé deux mille quatre cent quatre-vingts pièces d'or dans mon grenier !
g) Les contes des *Mille et Une Nuits* ont été traduits en français en 1704.

55 DEMI, NU, MÊME

• **Demi** *devant* un **adjectif** est **invariable**. **Demi** et **nu** *devant* un **nom** sont **invariables** et reliés par un trait d'union.
les laits **demi**-écrémés ; une **demi**-heure ; les **demi**-finalistes ; il est **nu**-pieds
Demi ***après*** le nom s'accorde en genre. **Nu** ***après*** le nom s'accorde en genre et en nombre : deux heures et **demie** ; les mains **nues**.

• **Même** accompagnant un **nom** ou un **pronom** s'accorde. Le **pronom** indéfini **même** s'accorde avec ce qu'il remplace.
les **mêmes** histoires ; elles-**mêmes** ; ce sont **les mêmes**
L'adverbe **même** (= *aussi, également*) est **invariable**. **Même** eux sont d'accord.

Dictée de phrases 1 *

a) Nous pouvons nous retrouver à quatre heures et demie devant la gare.
b) La liste des demi-finalistes a été affichée devant le bureau du CPE.
c) Ne m'attendez pas : mon train a une demi-heure de retard.

Dictée de phrases 2 *

a) Je vous conseille plutôt ces fromages blancs demi-écrémés.
b) Prenez vos gants car on ne doit pas patiner les mains nues.
c) Si vous sortez nu-tête sous la neige, vous serez malade(s).
d) Les enfants sont dehors à demi couverts et nu-pieds !

Dictée de phrases 3 **

a) Vous pouvez boire à même la bouteille si vous voulez.
b) Nous viendrons nous-mêmes vous aider à déménager.
c) Cet exercice est facile ; même les enfants de l'école savent le faire.
d) J'ai acheté ces deux pulls et j'ai vu les mêmes dans un autre magasin.
e) Henri et Pierre ne se fâchent jamais, même lorsqu'ils sont contrariés.

Dictée de phrases 4 **

a) Ne marchez pas pieds nus sur le plancher ciré !
b) Trois demi-litres de lait, c'est six quarts de litre !
c) Je sais qu'ils ne boiront même pas une demi-tasse de café.
d) Il ne faut pas exposer longtemps la peau nue au soleil sans protection.
e) Charles m'a fait comprendre à demi-mot qu'il n'était pas d'accord avec nous.
f) Louise a eu quinze et demi sur vingt à son contrôle de maths.

Dictée de phrases 5 ***

a) Je vous donne une demi-heure, puis je ramasse les copies.
b) Le beau temps nous permet enfin de sortir bras nus.
c) J'enlève mes grosses chaussures et j'enfile des nu-pieds avec plaisir.
d) Il ne faudrait quand même pas exagérer ! Tu n'iras pas pieds nus dans la rue !
e) Cette opération commerciale n'obtient qu'un demi-succès.
f) Leila et Jeanne se rendent tous les jours à la piscine, même par grand froid.

PLUTÔT/PLUS TÔT ; TANT/T'EN/TEMPS

56

• Il ne faut pas confondre la locution adverbiale **plus tôt** et l'adverbe **plutôt** ; on peut remplacer **plus tôt** par ***plus tard*** et **plutôt** par ***de préférence***.
Je me suis levé **plus tôt** (*plus tard*) ce matin. –
Je prendrai **plutôt** (*de préférence*) ces chaussures-là.

• Il ne faut pas confondre le nom **temps**, l'adverbe **tant** et l'association des pronoms **t'en**. **Tant** (***tellement***) évoque la quantité ; **t'en** se trouve devant un verbe et peut être remplacé par ***m'en***.
J'ai le **temps** de t'aider. – Je l'apprécie **tant** (*tellement*) ! –
Louis **t'en** (*m'en*) parlera demain. – Je **t'en** parlerai (*tu m'en parleras*).

Dictée de phrases 1 *

a) Un professeur était absent aujourd'hui et nous avons terminé plus tôt.
b) Donnez-moi plutôt cette baguette-là : elle est moins cuite que l'autre.
c) Demain, je me lèverai beaucoup plus tôt pour prendre le premier train.

Dictée de phrases 2 *

a) Je me renseigne et je t'en dirai plus ce soir.
b) Il y a un temps pour tout, le travail comme les loisirs.
c) J'ai tant aimé ce film que je te le recommande vivement.
d) Le temps se couvre : il est grand temps de rentrer à la maison.

Dictée de phrases 3 **

a) De temps en temps, mes grands-parents m'emmènent au restaurant.
b) Le judo me tente, mais je voudrais plutôt essayer le karaté.
c) La grenouille de la fable a gonflé tant et tant qu'elle a fini par exploser.
d) La poste est fermée ; tant pis, je repasserai demain.
e) Comme je n'aime pas les raisins, je prendrai plutôt un pain au chocolat.

Dictée de phrases 4 **

a) Qui a le temps de m'expliquer le cours de mathématiques ?
b) Tu as oublié mon anniversaire, mais je ne t'en veux pas pour autant.
c) Tant mieux si Paul est content de son séjour en Allemagne.
d) Plutôt que de vous jeter sur les exercices, commencez par apprendre la leçon !
e) Tant que je n'arrive pas à jouer cette partition, je recommence.
f) Demain, j'arriverai un peu plus tôt et j'irai voir le CPE.

Dictée de phrases 5 ***

a) J'ai passé tant de temps sur cet exercice que j'espère qu'il est juste !
b) Le bus avait du retard, mais nous sommes arrivés juste à temps à la gare.
c) Ce pull vert ne va pas avec mon jean ; je vais plutôt mettre le bleu.
d) Si tant est que Tania passe nous rendre visite, nous pourrons lui demander conseil.
e) En étant un tant soit peu soigneux, vous devriez réussir cette maquette.
f) Il y a des travaux sur le boulevard et il faudra partir un peu plus tôt ; je t'en informe.

Dictées de révision des règles 53 à 56

L'orthographe des mots ou noms propres signalés par un astérisque est à indiquer.

Dictée 1 Révision des règles 53 et 54

L'entraîneur du club avait réuni toutes les équipes :
– Voilà les lots pour notre tombola : un vélo de course, quatre paires de rollers, quatre-vingts ballons en mousse, deux cent vingt stylos publicitaires. Je voudrais que vous preniez deux carnets de tickets chacun. J'aimerais que vous notiez clairement les noms des acheteurs. Pourriez-vous aussi dire à vos camarades absents de passer prendre leurs deux carnets ? Je vous donnerai des instructions pour la remise des lots après le tirage ; nous verrons cela à ce moment-là.

Dictée 2 Révision des règles 54 et 56

Cher Jules Verne,
J'aime beaucoup tes romans, mais je ne comprends pas pourquoi tu fais mourir le capitaine Nemo. Il a parcouru vingt mille lieues sous les mers, affronté plus de cent dangers et il meurt ! Tu devrais plutôt raconter qu'il continue sans fin son voyage et qu'on peut croiser de temps en temps son sous-marin. Je t'en prie : change cette fin que je n'aime pas !

Dictée 3 Révision des règles 55 et 56

Le concert de fin d'année est minuté. L'ensemble durera une heure et demie. Le groupe instrumental de l'école de musique occupera la dernière demi-heure avec une symphonie de sa composition. Même les débutants vont y participer ; mais nous entendrons plutôt les anciens qui ont tant travaillé pour que ce concert soit réussi. Plus tôt dans la soirée, un temps sera consacré aux chanteurs en herbe qui interprèteront (interpréteront) des chansons connues. Les professeurs eux-mêmes ouvriront le concert avec un air de rock.

Dictée 4 Révision des règles 53, 55 et 56

Je vous écris car je désirerais obtenir des renseignements précis au sujet du matériel que vous vendez par correspondance. Je voudrais savoir si la couverture qui isole du froid serait capable de me protéger lors de mon voyage dans l'**espace**. De plus, l'an prochain je serai dans ma capsule **spatiale** et j'aimerais des précisions au sujet des pilules-repas. En faudra-t-il plusieurs par jour ? Est-ce que je devrai en prendre de temps en temps seulement ? Est-ce qu'une demie pour le goûter suffira ? une et demie pour le dîner ? J'ai tant de questions que le plus simple serait que je puisse vous téléphoner.

Attention à la famille du mot **espace** : spacieux, espacer, spatial, spationaute...

Dictée 5 Révision des règles 53 à 56

Piste 14

Aujourd'hui, j'aimerais vous parler du dix-huitième siècle, le Siècle des lumières. Les philosophes ont utilisé leur raison et leur bon sens pour regarder d'un œil neuf la société de leur temps. Plutôt que d'affronter la censure, la plupart d'entre eux ont écrit des fictions qui exprimaient leurs opinions critiques. À la fin du siècle, dans les années quatre-vingts, Beaumarchais* dénonce les privilèges de la noblesse ; un peu plus tôt, Montesquieu* et Voltaire* remettent en cause la monarchie absolue. Même les écrivains les plus légers, comme Marivaux*, se battent pour la liberté. Demain, j'étudierai avec vous une demi-page du *Contrat social* de Jean-Jacques Rousseau*.

Dictées de révision des règles 1 à 56

Dictée 6 **Révision des règles 34, 53, 55 et 56**

Pour mon magasin, je souhaiterais passer commande de vingt-quatre paires de gants bleu marine et douze paires de gants marron, quatre-vingt-dix paires de sandales en cuir noir, quatre-vingts sachets de lacets jaunes, trois cents porte-clés en forme de tour Eiffel, deux cent vingt bracelets porte-bonheur, un gros sac de billes multicolores, trois caisses de terre pour géraniums. Je voudrais également trois mille six cents recueils de dictées.

Dictée 7 **Révision des règles 43, 50, 53 et 54**

Si seulement je disposais de cent vingt euros, je pourrais m'acheter ce casque qui vaut quatre-vingts euros, ce DVD d'occasion qui en coûte douze, ce stylo-plume à sept euros, cette écharpe à dix-neuf euros et un cadeau pour toi à deux euros... Et si j'avais miraculeusement deux mille euros, j'en dépenserais mille neuf cent quatre-vingt-dix-huit pour moi et toujours deux pour toi... Mais je ne suis pas près d'être riche et mes paroles sont juste dites pour rire bien sûr !

Dictée 8 **Révision des règles 12, 22, 41 et 55**

Nous étions à l'étude quand le proviseur entra, suivi d'un nouveau habillé en bourgeois et d'un garçon de classe qui portait un pupitre. Ceux qui dormaient se réveillèrent, et chacun se leva comme surpris dans son travail.
Le proviseur nous fit signe de nous rasseoir ; puis se tournant vers le maître d'études :
– Monsieur Roger, lui dit-il à demi-voix, voici un élève que je vous recommande ; il entre en cinquième. Si son travail et sa conduite sont méritoires, il passera dans les grands où l'appelle son âge.

Gustave Flaubert, *Madame Bovary.*

Dictée 9 **Révision des règles 2, 15, 44 et 54**

Candide et Cacambo découvrent le pays merveilleux de l'Eldorado* où les simples cailloux sont de l'or et des pierres précieuses.*

Candide et Cacambo montent en carrosse ; les six moutons volaient, et en moins de quatre heures on arriva au palais du roi, situé à un bout de la capitale. Le portail était de deux cent vingt pieds de haut et de cent de large ; il est impossible d'exprimer quelle en était la matière. On voit assez quelle supériorité prodigieuse elle devait avoir sur ces cailloux, et sur ce sable que nous nommons « or et pierreries ».

Voltaire, *Candide.*

Dictée 10 **Révision des règles 23, 41, 53 et 56**

– Qu'aurais-je fait de toi, mon pauvre Pierre, dans cette vie inconnue où je vais entrer ? [...]
Le baron, resté seul, éprouva la sensation des gens qui s'embarquent et que leurs amis quittent sur la jetée du port ; c'est peut-être le moment le plus amer du départ ; le monde où vous vivez se retire, et vous vous hâtez de rejoindre vos compagnons de voyage, tant l'âme se sent dénuée et triste, et tant les yeux ont besoin de l'aspect d'un visage humain : aussi allongea-t-il le pas pour rejoindre le **chariot** qui roulait péniblement en faisant crier le sable où ses roues traçaient des sillons comme des socs de **charrue** dans la terre.

Théophile Gautier, *Le Capitaine Fracasse.*

Les mots de la famille de **char** prennent généralement deux **r** : charrue, charrette, carriole, carrosse... Depuis 1990, on peut écrire **chariot** ou **charriot**.

57 LE PASSÉ SIMPLE ET L'IMPARFAIT DE L'INDICATIF DES VERBES DU 1er GROUPE

- Les terminaisons du **passé simple** (1er groupe) : -ai, -as, -a, -âmes, -âtes, -èrent.
- Les terminaisons de l'**imparfait** : -ais, -ais, -ait, -ions, -iez, -aient.
- Le **passé simple** exprime une action délimitée dans le temps alors qu'on ne sait pas quand a commencé ou quand s'achève une action à l'**imparfait**.
- Pour ne pas confondre ces deux temps à la 1re personne du singulier, il faut **mettre le verbe à la 3e personne du singulier** (voir leçons 17 et 21).

Un bruit retentit et je me levai (*il se leva*) d'un bond. –
Pendant les vacances, je me levais (*il se levait*) à dix heures.

Dictée de phrases 1 *

a) Je courus à perdre haleine et trébuchai sur une pierre.
b) La soucoupe volante illumina le ciel et je poussai un cri de frayeur.
c) La porte s'ouvrit et je jetai un coup d'œil curieux à l'intérieur de la maison.

Dictée de phrases 2 *

a) Chaque matin, je choisissais une confiture différente et je me régalais.
b) L'été, je me promenais avec mon oncle et nous allions à la pêche.
c) Ma grand-mère aimait me raconter des histoires et je l'écoutais toujours avec joie.
d) Autrefois, nous avions deux chiens et je jouais souvent avec eux.

Dictée de phrases 3 **

a) Je descendis la côte à vive allure et entamai la montée avec un peu d'élan.
b) Avant, mon entraînement était insuffisant et je m'épuisais à chaque match.
c) J'aperçus le fantôme au bout du couloir et avançai dans sa direction.
d) J'ouvris la fenêtre et me penchai juste à temps pour entrevoir le fuyard.
e) Quand j'étais petit, je devinais vaguement qui se cachait derrière le Père Noël.

Dictée de phrases 4 **

a) La voiture arrivait à vive allure ; heureusement, je m'écartai à temps.
b) Je jouais aux échecs avec mon père quand nous entendîmes un cri.
c) Comme je pensais que tu étais d'accord, j'ai déjà acheté les billets.
d) Pourquoi as-tu raconté que je parlais quatre langues couramment ?
e) Je m'apprêtais à actionner le levier de démarrage quand un voyant rouge s'alluma.
f) Lorsque le tigre s'approcha des barreaux, je reculai instinctivement d'un pas.

Dictée de phrases 5 ***

a) Pourquoi est-elle allée raconter que j'acceptais mal les plaisanteries ?
b) J'avançais à tâtons dans le noir quand je touchai un objet brûlant.
c) L'été dernier, je nageais une demi-heure chaque matin, puis j'enfourchais mon vélo.
d) Dès que j'eus entendu le pas de mon père, je me précipitai à sa rencontre.
e) Je porte deux chaussures différentes ! À quoi pensais-je en m'habillant ?
f) J'aimais bien dormir à la belle étoile et me réveiller en pleine nature.

L'ACCORD DE L'ATTRIBUT

58

• **Rappel : l'attribut du sujet** s'accorde avec le sujet (voir leçon 19).
Ces histoires sont totalement **fausses** !

• **L'attribut du COD** se rapporte au COD par l'intermédiaire d'un verbe et s'accorde avec le COD.
J'ai trouvé ces animaux très **étonnants**.
(*j'ai trouvé que ces animaux étaient très étonnants*)

• Attention à l'attribut du COD quand le COD est un pronom !
J'ai rencontré tes amis et je les ai trouvés très **sympathiques**.
(*j'ai trouvé qu'ils étaient très sympathiques*)

Dictée de phrases 1 *

a) Cette histoire est bien curieuse et très originale.
b) Les habitants du quartier semblent bouleversés par cette nouvelle.
c) Vos plaisanteries sont vraiment de plus en plus déplacées.

Dictée de phrases 2 *

a) L'amour nous rend tous aveugles.
b) On a élu Marc et Virginie délégués de classe.
c) On a désigné nos dessins meilleurs dessins de l'année.
d) Je trouve ma sœur réconfortée par les paroles du professeur.

Dictée de phrases 3 **

a) Immenses sont les océans, plus vastes encore les espaces sidéraux !
b) Quand vos actes mettent les autres en danger, les sanctions sont lourdes.
c) J'ai nettoyé tes pinceaux et je te les rends aussi propres que des neufs.
d) Nous avons trouvé ces nouvelles fantastiques très intéressantes.
e) Quand plusieurs employés de l'usine sont tombés malades, on s'est interrogé.

Dictée de phrases 4 **

a) Alicia et Virginie souhaitent devenir pédiatres plus tard.
b) Les fraises sont délicieuses en cette saison ; je les aime fermes et sucrées.
c) Ces spéléologues ont pris des risques et je les pense bien imprudents.
d) Je ne connais pas les films de ce réalisateur, mais Pierre les trouve très réussis.
e) Vous pouvez faire confiance à Sacha et Alix car je les sais raisonnables.
f) Si vous ne faites pas vos exercices à nouveau, vous verrez votre punition doublée.

Dictée de phrases 5 ***

a) Mon frère nous a traités, Yves et moi, de créatures stupides !
b) Hier matin, j'ai croisé ta sœur et je l'ai trouvée bien changée.
c) La mise en scène de cette pièce est originale ; la trouvez-vous réussie ?
d) Messieurs, je vous suppose assez attentifs pour suivre mes propos.
e) Dès que les cerises seront mûres, je vous inviterai et nous les cueillerons ensemble.
f) À 8 h 10, Théo et Max n'étaient pas arrivés et le professeur les a notés absents.

59 NUL, TEL, TEL QUEL

- **Nul** est un adjectif indéfini qui s'accorde avec le nom qu'il accompagne.
Il viendra sans **nul** doute. – Ce chemin ne mène **nulle** part.
- Accompagné du pronom ***autre***, **nul** s'accorde avec le nom que remplace *autre*.
Vos projets sont comparables à **nuls** autres.
- **Tel**, ***non accompagné de* que**, s'accorde avec le nom ou le pronom qui suit.
Telle est ma décision. – J'ai lu des romans policiers **tel** *Mort sur le Nil*.
- **Tel**, ***accompagné de* que**, s'accorde avec le nom qui le précède.
Cette histoire, **telle** que vous me la racontez, est invraisemblable. – J'ai lu des romans policiers **tels** que *Mort sur le Nil*.
- **Tel quel** s'accorde avec le nom auquel il se rapporte.
J'ai trouvé la cuisine **telle quelle**.

Dictée de phrases 1 *

a) Ces gens n'ont nulle part où aller.
b) Pourquoi dis-tu que les films que tu regardes sont nuls ?
c) Les marins ne voyaient nul rivage, nulle terre, nul navire.

Dictée de phrases 2 *

a) Nous n'atteindrons jamais un tel niveau !
b) Telle mère telle fille ; tel père tel fils.
c) Ne changez rien à votre tableau : je l'apprécie tel qu'il est.
d) Pour illustrer vos arguments, appuyez-vous sur tel ou tel roman.

Dictée de phrases 3 **

a) J'aime bien les auteurs de romans tels que Agatha Christie ou Conan Doyle.
b) Ne dis pas tout le temps que toutes mes amies sont nulles.
c) Vous pourriez apprendre à jouer d'un instrument à vent, telle la clarinette.
d) Parmi les filles que je connais, tu dessines comme nulles autres.

Dictée de phrases 4 **

a) Tel qui rit vendredi dimanche pleurera.
b) Tu as laissé ta chambre telle quelle ! Quel désordre !
c) Nulle autre proposition ne pourra le faire revenir sur sa décision.
d) Servie telle quelle, sans sauce, cette viande est immangeable.
e) Je vous confie les affaires de Léo telles quelles et je vous laisse les ranger.

Dictée de phrases 5 ***

a) Nul ne peut entrer dans ce laboratoire sans autorisation.
b) La tempête était telle que des villages ont été évacués dans la nuit.
c) Marine affirma qu'il fallait l'apprécier telle qu'elle était sans espérer la changer.
d) Ces documents sont en mauvais état ; mais je les ai trouvés tels quels.
e) Je vous lis ces pages telles qu'elles ont été écrites au treizième siècle.
f) Ce reportage vous montrera cette ville telle que vous ne l'avez jamais vue.

DES / DÈS ; NI / N'Y ; SI / S'Y ; SA / ÇA / ÇÀ

60

Il ne faut pas confondre :
– **des** (*déterminant*) et **dès** (*temps*) ;
J'ai loué **des** DVD. – Je serai là **dès** demain. – Préviens-moi **dès que** tu seras prêt.
– **ni** (*double négation*) et **n'y** (*devant un verbe*) ;
Ni toi **ni** moi **n'y** comprenons rien.
– **si** (*condition ou insistance*) et **s'y** (*devant un verbe*) ;
Je suis **si** content ! – **Si** tu veux bien, c'est d'accord. – Mon père **s'y** connaît et il pourra nous aider.
– **sa** (*déterminant possessif*), **ça** (*pronom démonstratif = cela*), **çà** (*lieu*).
Sa maison est immense. – **Ça** suffira. – Les crayons étaient **çà** et là sur le plancher.

Dictée de phrases 1 *

a) Sa version des faits est très différente de la tienne.
b) L'activité du port reprend dès le lever du soleil.
c) Le médecin vous rappellera dès qu'il sera de retour à son cabinet.

Dictée de phrases 2 *

a) Si Sonia est sélectionnée pour la finale, elle s'y préparera avec soin.
b) Tu as de la chance d'aller à Lisbonne ; je n'y suis jamais allé.
c) Je n'ai ni compas ni équerre pour faire cet exercice de géométrie.
d) Si Pierre s'y met avec courage, il va progresser.

Dictée de phrases 3 **

a) Vous parlez tous à la fois : ça suffit !
b) Dès que les dés sont jetés, on ne peut plus changer sa mise.
c) Le travail est difficile et Jean s'y est mis dès le premier jour.
d) Ça ne sert à rien de tout critiquer à longueur de temps.
e) Demandons des explications car ni toi ni moi ne sommes des experts en rugby.

Dictée de phrases 4 **

a) Je n'ai vu ni ce film-ci ni celui-là.
b) Allons à la piscine, Léon s'y trouve déjà.
c) N'hésite pas à m'appeler : j'accourrai dès que tu me feras signe.
d) Des invités s'attardaient çà et là dans le jardin, mais on n'y voyait plus rien.
e) Si tu répètes que tu n'y arriveras jamais, ça ne peut pas marcher !
f) Ni Alexia ni Théo ne sont encore arrivés ; nous commençons dès qu'ils sont là.

Dictée de phrases 5 ***

a) Ça ne sert à rien de dire que tu n'y comprends rien dès que tu ouvres le livre !
b) Nous sommes très savants, mais faites comme si nous ne savions rien.
c) Tu devrais aider Léo à faire son exercice ; il s'y prend mal et n'y arrive pas.
d) Dès les premiers vents de l'automne, les feuilles s'éparpillaient çà et là.
e) Ma sœur nie être entrée dans ma chambre, mais elle s'y trouvait à mon arrivée !
f) Ça ne sert à rien de nous disputer pour savoir si c'est à Lucie de jouer.

Dictées de révision des règles 57 à 60

L'orthographe des mots ou noms propres signalés par un astérisque est à indiquer.

Dictée 1 Révision des règles 57 et 58

J'habitais la cité souterraine quand les premiers **phénomènes** inquiétants se produisirent. Lorsque mon distributeur de leçons tomba brusquement en panne, je pensai tout simplement à un problème électrique local et je profitai de ma journée de vacances pour visiter l'exposition d'œuvres préhistoriques de Léonard de Vinci ; je les trouvai très réussies. À mon retour, je m'aperçus que mes écrans diffusaient une curieuse lumière verte. Des signes que je ne comprenais pas défilaient de temps en temps ; j'entrepris en vain de les déchiffrer. Finalement, je les supposai lointains, appartenant à une autre civilisation.

Le son « **f** » peut s'écrire **ph-** : **ph**énomène, **ph**ysique, **ph**oto, **ph**ilosophe, **ph**are...

Dictée 2 Révision des règles 59 et 60

Félix Grandet* était avare. Si on lui montrait une pièce d'or ou même un simple bracelet d'argent, ses yeux se mettaient à briller telles deux pierres précieuses. Sa fille unique, Eugénie, n'avait ni le droit de sortir ni celui de s'**offrir** de nouvelles toilettes. Elle restait enfermée à la maison avec sa mère et toutes deux s'y occupaient, à la lueur d'une mauvaise bougie, à des travaux de couture. Dès le lever du jour, la mère et la fille se tenaient près de la fenêtre pour économiser les chandelles. « Quelle triste existence ! » murmuraient les voisins qui rêvaient pourtant de voir leur fils épouser la riche héritière.

De nombreux mots commencent par **off-** : **off**rir, **off**iciel, **off**icieux, **off**enser...

Dictée 3 Révision des règles 58 à 60

Nul ne peut ignorer que les événements malheureux ont tendance à s'enchaîner. Les passants qui glissent sur une peau de banane seront si désemparés qu'ils ne verront pas le réverbère juste devant eux et ne manqueront pas de s'y cogner. Qui n'a jamais songé à se recoucher après avoir renversé son bol de lait le matin ? Et si la boîte de chocolat en poudre vous échappe des mains, laissez la cuisine telle quelle ; ne songez ni à sortir de chez vous ni à entreprendre tels ou tels travaux ! Vous n'y arriveriez pas !

Dictée 4 Révision des règles 57, 59 et 60

J'avançais depuis une heure dans le parc et le paysage me semblait étrange. Je regardais les grands sapins sombres sans les reconnaître. Que se passait-il ? Je commençais à presser le pas quand je tombai sur une vaste clairière au centre de laquelle se dressait un château dont les toitures étaient enveloppées de brume. Nul bruit ; nulle présence. Je n'y comprenais rien, mais ni le calme ni le brouillard étrange ne m'effrayaient. Je décidai alors de pénétrer dans la grande bâtisse.

Dictée 5 Révision des règles 57 à 60 Piste 15

Depuis quelque temps, des signes mystérieux apparaissaient régulièrement sur nos écrans et nous augmentions les précautions. Chaque matin, dès que j'allumais mon ordinateur, je me demandais si les signes seraient là. Je les trouvais inquiétants. Telle ou telle hypothèse avait bien été proposée, mais nulle explication n'avait encore été trouvée car les messages variaient chaque jour. Je n'y connaissais rien, mais, comme tout le monde, je cherchais à comprendre. Un matin pourtant, ce fut moi qui tombai sur un message enfin compréhensible !

Dictées de révision des règles 1 à 60

Dictée 6 Révision des règles 42, 53, 58 et 59

Ce matin, mon exposé portera sur un grand romancier du dix-neuvième siècle. Je voudrais vous parler d'Honoré de Balzac* qui, né en 1799, mourut en 1850, épuisé par la composition de son œuvre romanesque. Nul autant que lui ne créa un monde fictif aussi vaste. Tels des miroirs tendus à la société de son temps, ses romans peignent une réalité où triomphent l'argent et l'immoralité. Les innocents attachés à des valeurs morales, telle Eugénie Grandet*, sont condamnés. Nous les savons perdus d'avance. Le romancier réaliste dénonce la société de son temps.

Dictée 7 Révision des règles 45, 47, 57 et 60

Je laçais mes patins quand une voix me fit sursauter. C'était Lucas et Marie qui entraient dans le vestiaire. Je leur serrai la main et ils chaussèrent leurs patins. Contents de nous retrouver, nous nous élançâmes sur la glace. De temps à autre, je regardais si les amis à qui j'avais donné rendez-vous arrivaient. Dès que je vis Sonia, je l'appelai et elle nous rejoignit. Elle nous présenta sa cousine et me dit que ni Juliette ni Paul ne pouvaient venir. J'étais déçu, mais l'après-midi s'annonçait malgré tout amusant.

Dictée 8 Révision des règles 12, 21, 59 et 60

[Un] coup de marteau retentit à la porte de la maison et y fit un si grand tapage que les femmes sautèrent sur **leurs chaises**.
– Ce n'est pas un homme de Saumur* qui frappe ainsi, dit le notaire.
– Peut-on cogner comme ça, dit Nanon. Veulent-ils casser notre porte ?
– Quel diable est-ce ? s'écria Grandet*.
Nanon prit une des deux chandelles, et alla ouvrir accompagnée de Grandet. [...]
– Si nous y allions, dit M. des Grassins*. Ce coup de marteau me paraît malveillant.

Honoré de Balzac, *Eugénie Grandet*.

Parfois, on ne peut savoir si un auteur a choisi le singulier ou le pluriel. Balzac écrit **leurs chaises** ; on pourrait écrire **leur chaise** car chaque femme a une seule chaise.

Dictée 9 Révision des règles 41, 44, 59 et 60

Telle est donc la simple vérité, Monsieur le Président, et elle est effroyable. Elle restera pour votre présidence une souillure. [...] Quand on enferme la vérité sous terre, elle s'y amasse, elle y prend une force telle d'explosion, que, le jour où elle éclate, elle fait tout sauter avec elle. On verra bien si l'on ne vient pas de préparer, pour plus tard, le plus retentissant des désastres.

Émile Zola, « J'accuse... », *L'Aurore* du 13 janvier 1898.

Dictée 10 Révision des règles 50, 54, 57 et 59

Lorsque je pénétrai dans la salle à manger, j'y trouvai un petit-déjeuner soigneusement préparé. Le comte, je ne le vis nulle part. Je mangeai donc seul. [...] Mon petit-déjeuner terminé, je décidai de me promener à travers le château. Près des escaliers, je découvris une chambre qui donnait sur le sud. La vue était merveilleuse, et la fenêtre constituait vraiment le poste d'observation idéal. Le château donne directement sur un terrible précipice. Une pierre jetée de la fenêtre tomberait trois cents mètres plus bas sans rencontrer aucun obstacle.

Bram Stoker, *Dracula*, traduction de Jacques Finné, © Éditions du Masque.

61 LES PRÉSENTS DU SUBJONCTIF ET DE L'INDICATIF

• ***Avoir*** au **présent du subjonctif** : *que j'aie, que tu aies, qu'il ait, que nous ayons, que vous ayez, qu'ils aient.*

• ***Être*** au **présent du subjonctif** : *que je sois, que tu sois, qu'il soit, que nous soyons, que vous soyez, qu'ils soient.*

• **Autres verbes** : **-e**, **-es**, **-e**, **-ions**, **-iez**, **-ent** : que je vien**ne** ; que tu croi**es**...

• Pour repérer un présent du subjonctif, il faut remplacer le verbe par ***venir***, ***prendre*** ou ***savoir***.

Je sais que tu me **crois** (*que tu viens* → indicatif) ; je veux que tu me **croies** (*que tu viennes* → subjonctif). –
J'**ai** (*je prends*) mon livre ; le professeur veut que je l'**aie** (*que je le prenne*). –
Nous **oublions** (*savons*) cela ; il faut que nous **oubliions** (*sachions*) cela.

Dictée de phrases 1 *

a) Le gardien est passé nous apporter un colis.
b) Il se pourrait que ton père ait une solution à notre problème.
c) Il n'est pas certain que Lucie ait un vélo à me prêter.

Dictée de phrases 2 *

a) Bien qu'il ait tort, Étienne ne voudra jamais le reconnaître.
b) Je crois que tu es le mieux placé dans cette élection de délégués.
c) Je ne pense pas qu'il y ait un lien entre ces deux phénomènes.
d) J'ai besoin d'un compas qui ait une pointe très fine ; le mien est cassé.

Dictée de phrases 3 **

a) Rattrape Paul avant qu'il n'ait atteint le coin de la rue !
b) J'aimerais que tu aies une petite idée de mon projet avant de t'engager.
c) Je ne crois pas que mes frères aient le temps de nous conseiller.
d) Est-il sûr que j'aie un rôle dans cette pièce et que nous puissions nous entendre ?

Dictée de phrases 4 **

a) J'ai une idée, mais il faut que nous soyons tous d'accord pour agir.
b) Je sais que vous vérifiez vos calculs ; il faut que vous les vérifiiez plus soigneusement.
c) Vous criez tellement qu'on ne comprend pas ce que vous dites.
d) Si vous voulez qu'on vous entende arbitrer, il faudra que vous criiez très fort !
e) Le principal souhaite que nous rejoignions le club « informatique ».

Dictée de phrases 5 ***

a) Cette fois-ci, il est important que vous n'oubliiez pas votre carnet de liaison.
b) Je ne mens pas ; il faut absolument que tu me croies !
c) Il est essentiel que vous croyiez fermement à la victoire si vous voulez gagner.
d) Je voudrais que vous effectuiez d'abord des recherches.
e) Le règlement intérieur exige que tu aies ton carnet de liaison avec toi.
f) J'aimerais vraiment que tu voies ce film et que tu me dises ce que tu en penses.

LES TEMPS COMPOSÉS DE L'INDICATIF ET DU CONDITIONNEL

62

• **Indicatif** (voir leçon 29) :
– **Passé composé** : auxiliaire au **présent** : j'**ai** pris, je **suis** allé(e).
– **Plus-que-parfait** : auxiliaire à l'**imparfait** : j'**avais** pris, j'**étais** allé(e).
– **Passé antérieur** : auxiliaire au **passé simple** : j'**eus** pris, je **fus** allé(e).
– **Futur antérieur** : auxiliaire au **futur simple** : j'**aurai** pris, je **serai** allé(e).

• **Conditionnel** :
– **Passé 1re forme** : auxiliaire au **présent du conditionnel**.
j'**aurais** pris, je **serais** allé(e)
– **Passé 2e forme** : identique au plus-que-parfait du subjonctif (voir leçon 69).

• Pour ne pas confondre, à la 1re personne, futur antérieur et passé du conditionnel, il faut mettre le verbe à la **3e personne** (voir leçon 53).
j'aur**ai** (*il aura*) fini, j'aur**ais** (*il aurait*) fini

• Attention à l'accord du participe passé (voir leçon 38) !

Dictée de phrases 1 *

a) Sophie et Jeanne sont parties se renseigner pour leur stage.
b) J'avais décidé de m'entraîner chaque jour et j'ai apprécié votre soutien.
c) Les romanciers du dix-neuvième siècle ont souvent voulu imiter la réalité.

Dictée de phrases 2 *

a) Lorsque j'aurai lu ce roman, je pourrai t'en parler.
b) Quand les comédiens eurent fini, la salle se leva pour les acclamer.
c) Dès que j'aurai achevé de lire cet article, je te rendrai ton journal.
d) À peine eut-il refermé la porte que Marc se trouva face au fantôme.

Dictée de phrases 3 **

a) J'aurais trouvé juste que l'on me présente des excuses.
b) Le contrôle était difficile et j'aurais aimé avoir plus de temps.
c) Quand j'aurai vu le film que tu m'as prêté, je te le rapporterai.
d) Si on m'avait dit que notre principal passait à la télévision, j'aurais regardé l'émission.

Dictée de phrases 4 **

a) J'aurais bien voulu savoir combien ont coûté de telles bottes.
b) Pourquoi les pays n'ont-ils pas encore envoyé des hommes sur Mars ?
c) Quand j'aurai terminé ma séance de judo, je passerai chez toi.
d) Sans doute les nuages auront-ils disparu demain matin.

Dictée de phrases 5 ***

a) Comment avez-vous pu retrouver votre chemin sans carte ni GPS ?
b) Les décors que tu as imaginés ont joué un rôle important dans notre succès.
c) L'expérience que vous avez vécue était formatrice.
d) À quelle heure sont-ils partis ? J'espère qu'ils auront passé une bonne soirée.
e) Si elles avaient vécu au dix-huitième siècle, elles eussent aimé ces coiffures.

63 LE PARTICIPE PRÉSENT ET L'ADJECTIF VERBAL

• Le **participe présent** est **invariable** alors que l'**adjectif verbal s'accorde**.
Le **participe présent** peut être remplacé par une ***subordonnée relative***, l'**adjectif verbal** par un ***autre adjectif qualificatif***.
Les élèves, **prévoyant** (*qui prévoient* : participe présent) le contrôle, ont révisé. – Les élèves **prévoyants** (*prudents* : adjectif verbal) ont révisé.

• Le **participe présent** (PP) des verbes en *-guer* et *-quer* se termine en ***-guant*** et ***-quant***.
En navi**guant** dans le Grand Nord, le navire a heurté un iceberg. –
convain**quant** (PP)/convain**cant** (adj.) ; équival**ant** (PP)/équival**ent** (adj.) ;
provo**quant** (PP)/provo**cant** (adj.) ; fati**guant** (PP)/fati**gant** (adj.) ;
négli**geant** (PP)/négli**gent** (adj.) ; adhér**ant** (PP)/adhér**ent** (adj.)

Dictée de phrases 1 *

a) Poursuivez vos efforts ; les résultats sont encourageants.
b) Les élèves négligeant les règles d'orthographe ne peuvent pas progresser.
c) Les enfants qui travaillent en regardant la télévision ne sont pas très efficaces.

Dictée de phrases 2 *

a) En vous fatiguant un peu plus, vous devriez tous réussir !
b) Le travail des champs est vraiment très fatigant.
c) Le personnel navigant est à votre disposition pour toute information.
d) Les pétroliers naviguant durant une tempête prennent de grands risques.

Dictée de phrases 3 **

a) C'est en convainquant le public avec de bons arguments que vous avez vos chances.
b) Je voterai pour les candidats qui me semblent les plus convaincants.
c) Le vent a soufflé en tempête sur la côte, provoquant de nombreux dégâts.
d) Les propos provocants que tiennent certains adolescents sont inacceptables.

Dictée de phrases 4 **

a) Ces biscuits sont mous ; je les préfère croustillants.
b) En courant, nous devrions arriver à temps pour notre train.
c) Les vaillants chevaliers se sont affrontés devant le seigneur.
d) Nous avons renseigné des touristes nous paraissant perdus.
e) Abandonnant tout sur place, les populations ont fui l'incendie.

Dictée de phrases 5 ***

a) Les moniteurs, encourageant leurs équipes, ont su entraîner tout le monde.
b) En laissant traîner de l'argent, certains d'entre vous se montrent très négligents.
c) J'aimais beaucoup ce jean et je n'arrive pas à trouver un pantalon équivalent.
d) J'ai vu deux corbeaux se disputant un fromage et deux renards les regardant.
e) Les personnes désirant assister au film en salle D patientent sur la file de droite.
f) Convainquant trois de ses amis de le suivre, le navigateur s'est lancé dans l'aventure.

QUAND/QUANT/QU'EN ; SANS/S'EN/C'EN/CENT ; DANS/D'EN

64

Il ne faut pas confondre :
– **quand** (*temps*), **quant** (*quant à, quant au : au sujet de*) et **qu'en** ;
Quand (*lorsque*) il fait beau, nous courons autour du stade. – **Quant à** (*au sujet de*) Nicolas, il se tient à l'écart et je ne sais **qu'en** (*que en*) penser.
– **sans** (*contraire de :* avec), **s'en** (*se en*), **c'en** (*cela en*), **cent** (*nombre*), **sens/sent** (*verbe sentir*) ;
Sans (*avec*) toi, il ne **s'en** tirera pas. – **C'en** (*cela en*) est fini de cette histoire qui dure depuis **cent** ans. – Ce gâteau au miel **sent** bon !
– **dans** (*contraire de :* hors de) et **d'en** (*de en*).
Tu me trouveras **dans** la salle 120. – Cela ne sert à rien **d'en** parler à nouveau.

Dictée de phrases 1 *

a) Savez-vous quand paraîtra dans les salles le film dont vous me parlez ?
b) Ambre ne nous a rien dit quant à ses projets d'avenir.
c) On me propose un petit rôle dans un film ; qu'en penses-tu ?

Dictée de phrases 2 *

a) Cent fois, le professeur nous a dit de relire notre devoir.
b) C'en est trop ! Tu rêves encore ! Fais un effort quand tu rédiges !
c) Rémi s'en va sans avoir la réponse à sa question.
d) Sans votre aide, je ne sais comment Jules s'en serait sorti !

Dictée de phrases 3 **

a) Tu as rapporté du pain ? Je viens d'en acheter aussi !
b) Marion ne peut pas prêter son dictionnaire car elle s'en sert.
c) Est-ce que tu te sens mieux maintenant que tu n'es plus dans la salle ?
d) Le principal a besoin d'en savoir un peu plus pour donner son accord.

Dictée de phrases 4 **

a) J'ai fini le premier exercice ; quant au second, je n'y arrive pas.
b) Arthur a déjà vu ce film mais il ne s'en souvient pas du tout.
c) Je ne me sens pas capable d'aller sans toi voir le professeur.
d) Je ne suis pas plus au courant en repartant qu'en arrivant.
e) Quand la belle saison sera de retour, nous envisagerons des pique-niques.
f) Ce sera sans aucun doute votre tour dans un instant ; quant à moi, je ne sais pas.

Dictée de phrases 5 ***

a) Le comédien s'en sort admirablement ! On ne peut qu'en dire du bien.
b) Tu achètes des bonbons et ne fais qu'en manger ! Cesse d'en prendre !
c) Je ne sais pas quand passer au CDI rapporter mon livre ; il ferme dans cinq minutes.
d) J'ai récupéré des vieux journaux dans mon grenier, mais je ne sais qu'en faire.
e) Je ne connais pas ce film et je vais lire ce qu'en disent les critiques.
f) Quand penses-tu nous rejoindre ? Louis, quant à lui, arrivera vers 16 (seize) heures.

Dictées de révision des règles 61 à 64

L'orthographe des mots ou noms propres signalés par un astérisque est à indiquer.

Dictée 1 Révision des règles 61 et 62

– Quand j'aurai terminé de rédiger le règlement du pensionnat que je compte ouvrir, je te le communiquerai. J'ai déjà composé quelques règles que voici : il est nécessaire que chaque élève ait tout son matériel, qu'il sache ses leçons par cœur, qu'il ait fait tous les exercices possibles ; il faut qu'il soit debout à cinq heures du matin et qu'il revoie ses cours avant le petit-déjeuner. Lorsque j'aurai réuni les élèves à la rentrée, je leur dirai : « je veux que vous employiez tout votre temps à l'étude, que vous oubliiez les jeux, que... »

– J'espère que c'est une plaisanterie ! répondis-je. Il ne faut pas compter sur moi !

Dictée 2 Révision des règles 63 et 64

Quand il assiste à la première projection cinématographique, Georges Méliès* sent tout le parti qu'il peut tirer de cette invention. Prestidigitateur, il maîtrise vite les techniques du cinéma et s'en sert pour inventer les premiers effets spéciaux. Dans ses studios, il filme, coupe, monte : des personnages étonnants apparaissent et disparaissent, les mains se séparent des corps. Fabriquant des films comme des tours de magie, ses studios connaissent des succès grandissants. Quant à l'industrie américaine, elle se développe si rapidement que c'en est terminé de Georges Méliès qui meurt ruiné et oublié en 1938.

Dictée 3 Révision des règles 61 et 64

Il fait nuit maintenant et les vastes salles du château s'éclairent lentement. Je me répète cent fois qu'il faut que je sois prudente. Soudain, sans que j'aie le temps de réagir, une grande porte se referme derrière moi. Je comprends que je suis prisonnière ! Pourtant, il faut que je voie encore les étages et les caves ! Suis-je enfermée dans un château magique ? Je ne sais qu'en penser. Il faudrait sans doute que j'aie peur, mais je n'y parviens pas.

Dictée 4 Révision des règles 62 et 63

Les revenants ont pris possession des grandes pièces froides du manoir. Ils auraient bien aimé avoir de la **compagnie**, mais leurs cris déchirants ont fait fuir tout le monde. Courant à perdre haleine dans les longs couloirs, les visiteurs ont quitté le château et ne sont jamais revenus !

J'aurais bien aimé les retenir, mais, face à leur peur, je n'ai pas d'arguments convaincants et mes sourires édentés, que je crois accueillants, sont pour eux effrayants.

De nombreux noms féminins se terminent par **-ie** : la compagnie, une manie, la mie, une partie, la pluie...
Exceptions : une fourmi, une brebis, une souris, une perdrix, la nuit...

Dictée 5 Révision des règles 61 à 64 Piste 16

Sans aucun doute, je ne connais personne de plus original que mon voisin ! Il aurait déjà pu faire sauter l'immeuble cent fois avec ses inventions ! Il ne semble pas qu'il ait le moindre souci des autres quand il conçoit ses objets volants capables de traverser le plafond, ses robots sautant de sa fenêtre sur les passants ou ses émetteurs diffusant leurs programmes inintéressants sur votre propre écran de télévision. Bien que j'aie de l'affection pour les originaux, je n'ai pas réussi à m'habituer à celui-ci. Qu'en pensez-vous ?

Dictées de révision des règles 1 à 64

Dictée 6 Révision des règles 47, 48, 61 et 63

Pour réussir une recette de cuisine un peu délicate, il faut que tu aies la patience de suivre les indications. Les cuisiniers connaissent leur métier et tu dois écouter leurs conseils. Tu veux battre des blancs d'œufs ? Une pincée de sel les fera monter. Tu voudrais que ta crème anglaise ne tourne pas ? Il faut que tu voies apparaître les premiers frémissements pour retirer ta casserole du feu. Je te l'ai déjà dit plusieurs fois : en étant trop chauffées, les sauces et les crèmes tournent ! Veille aussi à la présentation : il est important que tes plats soient appétissants !

Dictée 7 Révision des règles 54, 57, 61 et 62

Je révisais mes formules quand le professeur m'appela. Je m'approchai de la table où bouillonnaient d'étranges liquides dans d'étranges récipients. « J'aimerais que tu voies ce que l'on peut faire en mélangeant ces ingrédients. Quand tu auras fini d'apprendre les formules et que tu seras décidé à te lancer, il se peut que tu aies quelques inquiétudes. Mais il faut que tu me croies : deux cent vingt griffes de rats portées à ébullition dans trois cent quatre-vingts millilitres de sueur de chauve-souris ont toujours constitué le plus puissant des talismans. »

Dictée 8 Révision des règles 22, 57, 62 et 63

4 mai. J'ai découvert que le propriétaire de l'auberge avait reçu, lui aussi, une lettre du comte lui demandant de me réserver la meilleure place dans la diligence. Pourtant, quand je lui demandai quelques détails, il me parut réticent et prétendit ne pas comprendre mon allemand. Le mensonge était évident puisque, jusqu'alors, il m'avait fort bien compris – en tout cas, il avait toujours répondu exactement à mes questions. [...] L'heure du départ approchant, je n'eus guère le temps d'interroger quelqu'un d'autre comme je l'aurais voulu, car la situation me paraissait bien mystérieuse et pas du tout rassurante.

Bram Stoker, *Dracula*, traduction de Jacques Finné, © Éditions du Masque.

Dictée 9 Révision des règles 43, 47, 63 et 64

Mon sang se glaça dans mes veines. J'avais reconnu les formidables squales qui nous menaçaient. C'était un couple de tintoréas*, requins terribles, à la queue énorme. [...] [P]our mon compte, j'observais leur ventre argenté, leur gueule formidable, hérissée de dents, à un point de vue peu scientifique et plutôt en victime qu'en naturaliste. Très heureusement, ces voraces animaux y voient mal. Ils passèrent sans nous apercevoir, nous effleurant de leurs nageoires brunâtres, et nous échappâmes, comme par miracle, à ce danger plus grand, à coup sûr, que la rencontre d'un tigre en pleine forêt.

Jules Verne, *Vingt Mille Lieues sous les mers.*

Dictée 10 Révision des règles 34, 42, 62 et 63

Vautré dans l'herbe où pullulent les êtres, [...] Christophe regardait l'agitation fiévreuse des fourmis, les araignées aux longues pattes, qui semblent danser en marchant, les sauterelles bondissantes, qui sautent de côté, les scarabées lourds et hâtifs, les vers nus, glabres et roses, à la peau élastique marbrée de plaques blanches. Ou, les mains sous la tête, les yeux fermés, il écoutait l'orchestre invisible, les rondes d'insectes tournant avec frénésie, dans un rayon de soleil, autour des sapins odorants [...].

Romain Rolland, *Jean-Christophe*, © Éditions Albin Michel.

65 LE SUBJONCTIF PASSÉ

• Le **passé du subjonctif** est un temps composé qui se forme en mettant l'auxiliaire (*avoir* ou *être*) au présent du subjonctif.
parler : que j'**aie** parlé, que tu **aies** parlé, qu'il **ait** parlé, que nous **ayons** parlé, qu'ils **aient** parlé ;
venir : que je **sois** venu(e), que tu **sois** venu(e), qu'il **soit** venu, que nous **soyons** venu(e)s, que vous **soyez** venu(e)s, qu'ils **soient** venus

• Attention à ne pas confondre l'**auxiliaire *avoir* au présent du subjonctif** avec ***avoir* ou *être* au présent de l'indicatif** (voir leçon 61) !
j'**ai** suivi (*passé composé de l'indicatif*) ; que j'**aie** suivi (*passé du subjonctif*) ;
il **est** suivi (*présent de l'indicatif passif*)

Dictée de phrases 1 *

a) Il semblerait qu'il y ait eu un incident lors de la réunion du club.
b) Le professeur attendit que nous ayons rangé les ballons pour fermer le gymnase.
c) On m'a demandé de me taire avant même que j'aie ouvert la bouche !

Dictée de phrases 2 *

a) Il faudrait que Corentin soit rentré avant 18 h (dix-huit heures).
b) Monica est en retard : il se pourrait qu'elle soit passée prendre Léa.
c) Mes parents voudraient que nous nous soyons promenés avant la nuit.
d) Il se peut que tes cousins soient venus quand nous étions absents.

Dictée de phrases 3 **

a) Rémi est en retard : il semblerait qu'il ait manqué son bus.
b) Vous avez bien progressé ; cette rédaction est tout à fait réussie.
c) Il me semble que Stéphanie est très marquée par ce qui lui est arrivé hier.
d) Le metteur en scène aimerait que Lucas ait parfaitement mémorisé son rôle.

Dictée de phrases 4 **

a) J'ai découvert, hier, que le spectacle était annulé.
b) Il ne faudrait pas que j'aie appris la mauvaise page !
c) Il faut que j'aie terminé ces exercices de maths avant de partir au conservatoire.
d) Michaël n'a pas révisé et je doute qu'il ait réussi son contrôle.
e) Il faudrait que nous ayons fini cet exposé et que j'aie recopié le plan dans une heure.
f) Pourquoi veux-tu qu'il lui soit arrivé un accident ? Il est juste parti en retard.

Dictée de phrases 5 ***

a) Il pleut et il se pourrait que les matchs aient été annulés.
b) Notre principal craint que cette information n'ait pas été communiquée à temps.
c) Que Julie ait manqué une fois de plus son bus ne serait pas étonnant !
d) *La Joconde* est connue dans le monde entier ; j'ai eu l'occasion de la voir au Louvres.
e) Il faut que les joueurs aient couru très vite pour être aussi essoufflés.
f) Marie, pour t'inscrire à cet entraînement, il faut que tu aies été sélectionnée.

LES VERBES *POUVOIR, DEVOIR, VOULOIR* ET *VALOIR*

66

- ***Pouvoir*** : je **peux**, tu **peux**, il **peut** (*présent de l'indicatif*) ; que je **puisse** (*présent du subjonctif*).
Ne pas confondre le **passé simple** (je) **pus**/(il) **put** et le **participe passé** (j'ai) **pu**.
- ***Devoir*** : je **dois**, tu **dois**, il **doit** (*présent de l'indicatif*) ; que je **doive** (*présent du subjonctif*).
Le **participe passé masculin singulier** (voir leçon 72) porte un accent circonflexe : (j'ai) **dû**, (nous avons) **dû**.
Ne pas confondre le **passé simple** (je) **dus**/(il) **dut** et le participe passé (j'ai) **dû**.
- ***Vouloir*** : je **veux**, tu **veux**, il **veut** (*présent de l'indicatif*) ; que je **veuille** (*présent du subjonctif*).
- ***Valoir*** : je **vaux**, tu **vaux**, il **vaut** (*présent de l'indicatif*) ; que je **vaille** (*présent du subjonctif*). Ne pas confondre **il vaut** et **il faut** (*verbe falloir*).

Dictée de phrases 1 *

a) Marc fait tout ce qu'il peut pour terminer son contrôle à temps.
b) Dès qu'il put se lever, Tom commença à reprendre des forces.
c) Tu écris trop mal et je n'ai pas pu lire ton cahier d'histoire.

Dictée de phrases 2 *

a) Le bus semble complet et il se pourrait que tu doives attendre le prochain.
b) Une vieille dame monta dans le bus et je dus lui laisser ma place.
c) En raison d'un incident technique, les passagers durent passer une nuit à l'aéroport.
d) J'ai dû oublier mon sac de sport dans la salle d'arts plastiques.

Dictée de phrases 3 **

a) Que Sa Majesté veuille bien m'écouter un instant.
b) Il vaut mieux ne pas oublier votre livre de géographie au prochain cours.
c) Que voulez-vous que j'y fasse ? Mes connaissances dans ce domaine ne valent rien.
d) Le professeur est sévère : il faut arriver à l'heure et il vaut mieux avoir ses affaires.

Dictée de phrases 4 **

a) Notre moniteur n'arrive pas : il a dû être retardé.
b) Le principal entra dans la classe et nous dûmes nous lever.
c) Léonie est très étourdie et elle a pu oublier notre rendez-vous.
d) Laissez le vestiaire ouvert pour que vos camarades puissent récupérer leurs affaires.
e) Pour que je t'accompagne dans cette randonnée, il faut que cela en vaille la peine !

Dictée de phrases 5 ***

a) Le match doit être annulé : cela vaut mieux pour tout le monde.
b) En panne dans le désert, l'aviateur a pu réparer son avion et repartir.
c) Pourriez-vous pousser vos affaires afin que nous puissions nous asseoir ?
d) L'ascenseur est tombé en panne et nous avons dû attendre les secours.
e) M. Martin dut attendre que l'extraterrestre veuille bien le guider vers son chef.

67 LE PARTICIPE PASSÉ

• Pour connaître la **dernière lettre** d'un **participe passé du 3e groupe**, il faut le mettre au **féminin** : prise → **pris** ; conduite → **conduit**

• Le **participe passé** peut être employé comme un **adjectif qualificatif**.
Cette pièce, une fois **repeinte**, sera très agréable.

• Employé avec l'auxiliaire ***être***, le **participe passé s'accorde** avec le sujet.
Marine est **passionnée** d'escrime.
Attention aux verbes pronominaux (voir leçon 74) !

• Employé avec l'auxiliaire ***avoir***, le **participe passé s'accorde** avec le COD **si celui-ci est placé avant le verbe** (voir leçon 38).
Laura n'a pas encore **lu** les journaux qu'elle a **empruntés**.

• Attention ! quand le complément d'objet est **en**, le **participe passé** est **invariable**.
Je voudrais de tes nouvelles ; je n'en ai pas **reçu** depuis longtemps.

Dictée de phrases 1 *

a) Ils ont craint votre absence et fait appel à vos camarades disponibles.
b) Nous avons écrit au maire pour lui présenter notre projet.
c) Pourquoi Laure aurait-elle feint de ne pas te reconnaître ?

Dictée de phrases 2 *

a) Saisies par le trac, les danseuses sont entrées en scène.
b) Nous avons bien dormi et nous nous sommes réveillé(e)s en pleine forme.
c) Marie avait espéré terminer son devoir avant la fin de l'heure ; elle est déçue.
d) Audrey a préféré suivre ses camarades qui sont allé(e)s jouer au ballon.

Dictée de phrases 3 **

a) J'ai déjà distribué tous les bonbons que j'ai achetés.
b) Je vous remercie de l'attention que vous avez prêtée à ma lettre.
c) J'ai croisé tes sœurs à la piscine hier et je ne les ai pas reconnues tout de suite.
d) Nous avons beaucoup aimé les deux films que nous avons vus la semaine dernière.

Dictée de phrases 4 **

a) Le niveau requis pour ce stage de voile est élevé.
b) Rassurés par les autorités, les habitants ont regagné leur domicile.
c) Pourquoi ont-ils raconté les secrets que je leur ai confiés ?
d) Les journaux dont on nous a parlé hier sont disponibles au CDI.
e) La carte postale que mon père m'a envoyée est arrivée toute froissée.

Dictée de phrases 5 ***

a) Les spécialistes ont annoncé une comète et je l'ai vue avec des jumelles.
b) Ce sont des hirondelles ! Je n'en ai pas vu depuis longtemps !
c) Comme j'avais promis de passer voir ma grand-mère, j'ai dû renoncer à la patinoire.
d) Tu avais des documents sur notre sujet d'exposé et tu n'en as pas apporté !
e) Repeints en blanc, ces murs étaient plus gais et nous y avons collé des affiches.

QUEL/QUELLE/QU'ELLE

• Il ne faut pas confondre le déterminant exclamatif ou interrogatif **quel** (**quelle, quels, quelles**) et le pronom personnel **elle** (**elles**) précédé de ***que***. Pour les différencier, il faut remplacer par ***qu'il***.
Quel désordre ! – Je sais qu'**elle** (*qu'il*) va venir. – **Quelle** heure est-il ?

• Attention à ne pas oublier l'accord !
Je ne sais **quelles** chaussures choisir ; je voudrais qu'**elles** soient confortables.

• Les deux formes peuvent se combiner.
Quelles qu'**elles** (*qu'ils*) soient, tes idées sont les bienvenues.

Dictée de phrases 1 *

a) Quel thème avez-vous choisi pour votre exposé ?
b) Lola dit qu'elle ne pourra pas venir parce qu'elle va chez le dentiste.
c) Quel chemin me conseilles-tu ? Marine m'a dit qu'elle viendrait à ma rencontre.

Dictée de phrases 2 *

a) Dans quelle région d'Irlande avez-vous vécu ?
b) Inès est sortie, mais je crois qu'elle ne va pas tarder à rentrer.
c) Je ne sais pas quelle recette est la plus simple et la plus rapide.
d) Quelle heure est-il s'il vous plaît ? J'ai une montre, mais je crois qu'elle s'est arrêtée.

Dictée de phrases 3 **

a) Quels sont les différents pays de l'Union européenne ?
b) Quelle pizza avez-vous choisie ? aux anchois ou aux champignons ?
c) Fabienne ne voit plus Anne et croit qu'elle lui en veut.
d) J'ai voulu voir cette exposition, mais on m'a dit qu'elle était terminée.
e) Avec quelle énergie et quel savoir-faire le joueur se jette dans la mêlée !

Dictée de phrases 4 **

a) Quel drôle de journal vous avez imaginé pour votre rédaction !
b) Il paraît que Léa est allée à Matignon et qu'elle a vu le Premier ministre.
c) Nadia sera une bonne déléguée ; je suis content qu'elle ait été élue.
d) Lucie et Sabrina font du violon et je crois qu'elles jouent même dans un orchestre.
e) Quel désordre dans cette chambre ! Je veux qu'elle soit rangée ce soir.
f) Je sais que ton père est médecin ; mais quelle est sa spécialité ?

Dictée de phrases 5 ***

a) Quels bons moments nous avons vécus cet été !
b) Maria a manqué son bus, j'espère qu'elle sera quand même à l'heure.
c) Quel que soit votre niveau en anglais, ce séjour linguistique sera bénéfique.
d) Toutes les suggestions, quelles qu'elles soient, méritent d'être examinées.
e) Je me demande quels camarades les jumeaux ont invités à leur anniversaire.
f) Quel puissant télescope ! Quelles sont ces créatures que je vois sur la Terre ?
g) Quelles qu'elles soient, ces espèces méritent sûrement d'être connues !

Dictées de révision des règles 65 à 68

L'orthographe des mots ou noms propres signalés par un astérisque est à indiquer.

Dictée 1 Révision des règles 65 et 68

Voilà un très mauvais programme de travail : il est **17 h** et il faut que j'aie terminé mes devoirs à **17 h 20**, car j'ai promis à Stéphanie de passer la voir et je ne veux pas qu'elle m'attende. Je sais que j'ai reçu le génie des mathématiques et je n'ai pas besoin de revoir la leçon. Il n'est pas nécessaire non plus que j'aie appris le cours d'histoire pour le contrôle car j'ai aussi le génie de l'histoire. Toutes ces leçons, quelles qu'elles soient, ne sont pas pour moi ! Maintenant, il est **17 h 20** et il faut que j'y aille...

On peut écrire les heures avec des chiffres sauf quand il s'agit d'une durée : pendant **deux** heures.

Dictée 2 Révision des règles 66 et 67

Hier, je me suis assis dans le parc à côté d'un homme qui paraissait venir d'un autre siècle. Il s'est mis à me parler et l'histoire qu'il m'a racontée est tout à fait étonnante. « Je naquis en 1840, me dit-il, et je pourrais vous en dire long sur la société dans laquelle j'ai vécu et que j'ai analysée sous toutes ses coutures dans mes romans. La fresque romanesque en vingt volumes que j'ai composée vaut tous les témoignages sur le Second Empire. La famille des Rougon-Macquart* que j'ai imaginée permet de représenter différents milieux. Me connaissez-vous ? » Il n'a pas attendu ma réponse pour disparaître.

Dictée 3 Révision des règles 67 et 68

Quelle idée cet homme du dix-neuvième siècle a-t-il eue de venir me parler dans le parc ! Les propos qu'il a tenus évoquaient notamment son engagement politique : « Jeune homme, avant d'être romancier, j'étais journaliste et les journalistes, quels qu'ils soient, prennent position dans les débats de leur époque. Mon opposition à Napoléon III n'était pas dissimulée, mais ce sont surtout les articles que j'ai écrits pour défendre le capitaine Dreyfus* qui m'ont valu l'exil. Je suis mort mystérieusement asphyxié chez moi. Me connaissez-vous ?... Je suis Émile Zola* bien sûr ! »

Dictée 4 Révision des règles 65 et 66

Le roman de Bram Stoker* intitulé *Dracula* réunit des télégrammes, des lettres et des pages de journaux intimes écrits par les différents personnages. Que le romancier ait voulu nous donner l'impression que l'histoire est vraie ne doit pas nous étonner, car il faut que nous puissions croire aux événements surnaturels. Notre plaisir de lecteur est dû au terrible personnage du comte Dracula mais aussi à cette composition originale du roman.

Dictée 5 Révision des règles 65 à 68 Piste 17

Les histoires de vampires sont très anciennes et il se pourrait qu'elles aient existé dès l'Antiquité. Les récits que les romanciers contemporains ont composés prennent leur source dans la littérature anglaise du dix-neuvième siècle et notamment dans *Dracula*, le roman de Bram Stoker*. Les gentils vampires d'aujourd'hui nous font un peu oublier quelle créature effrayante est le comte Dracula et quels efforts les héros de Bram Stoker ont déployés pour en venir à bout.

Dictées de révision des règles 1 à 68

Dictée 6 Révision des règles 19, 65, 67 et 68

Quelle vie sombre que celle du peintre Claude Lantier* ! Dans *L'Œuvre*, Zola* a imaginé cet artiste qui devient fou à force de chercher à atteindre la perfection. Quelles que soient ses ambitions, le lecteur comprend qu'elles sont inaccessibles. Les peintres impressionnistes que Zola a représentés dans ce roman peinent à se faire reconnaître et essuient les moqueries du public. Bien qu'ils aient fini par être appréciés, ces artistes ont connu des moments difficiles dont le roman se fait le témoin.

Dictée 7 Révision des règles 53, 61, 65 et 66

Les romans de Zola* sont longs mais, quand j'aurai le temps, je les lirai tous ! Qu'ils aient été écrits au dix-neuvième siècle ne me gêne pas ; l'écrivain a dû se documenter pour les composer et cela me permet de découvrir des milieux et une époque que j'aimerais mieux connaître. Pour qu'un roman me plaise, il faut que je puisse m'identifier au personnage principal, que ce dernier ait un caractère complexe, un destin intéressant.

Dictée 8 Révision des règles 21, 56, 67 et 68

Mme de Clèves aime le duc de Nemours* et le soupçonne d'aimer Mme de Thémines*.*
Mme de Clèves demeura seule et, sitôt qu'elle ne fut plus soutenue par cette joie que donne la présence de ce que l'on aime, elle revint comme d'un songe ; [...] elle se remit devant les yeux l'**aigreur** et la **froideur** qu'elle avait fait paraître à M. de Nemours, tant qu'elle avait cru que Mme de Thémines s'adressait à lui ; quel calme et quelle douceur avaient succédé à cette aigreur sitôt qu'il l'avait persuadée que cette lettre ne le regardait pas.

Mme de Lafayette, *La Princesse de Clèves.*

De nombreux noms féminins se terminent par ***-eur***.
Exceptions : une dem**eure**, une h**eure**.

Dictée 9 Révision des règles 59, 64, 66 et 67

Quant à notre abandon, à notre isolement au fond de cette cellule, je n'osais estimer ce qu'il pourrait durer. Les espérances que j'avais conçues après notre entrevue avec le commandant du bord s'effaçaient peu à peu. La douceur du regard de cet homme, l'expression généreuse de sa physionomie, la noblesse de son maintien, tout disparaissait dans mon souvenir. Je revoyais cet énigmatique personnage, tel qu'il devait être, nécessairement impitoyable, cruel.

Jules Verne, *Vingt Mille Lieues sous les mers.*

Dictée 10 Révision des règles 3, 20, 67 et 68

Elle tremble au récit fantastique que lui fait son père de la présence de l'assassin dans sa chambre et de la poursuite dont il a été l'objet. Mais il est visible... il est visible qu'elle n'est tout à fait rassurée que lorsqu'on lui affirme que l'assassin, par un sortilège inouï, a pu nous échapper.
Et puis il y a un silence... Quel silence !... Nous sommes tous là à la regarder. [...] Quelles pensées roulent dans ce silence autour d'elle ?...

Gaston Leroux, *Le Mystère de la chambre jaune.*

69 L'IMPARFAIT ET LE PLUS-QUE-PARFAIT DU SUBJONCTIF

Rarement employés aujourd'hui, l'**imparfait** et le **plus-que-parfait du subjonctif** sont très courants dans les textes des siècles passés.

• L'**imparfait** se forme à partir du passé simple de l'indicatif.
parler : que je parlasse, que tu parlasses, qu'il parlât, que nous parlassions, que vous parlassiez, qu'ils parlassent ;
venir : que je vinsse, que tu vinsses, qu'il vînt, que nous vinssions, que vous vinssiez, qu'ils vinssent

• Le **plus-que-parfait** se forme avec l'auxiliaire à l'imparfait du subjonctif.
parler : que j'eusse parlé, que tu eusses parlé, qu'il eût parlé, que nous eussions parlé, que vous eussiez parlé, qu'ils eussent parlé ;
venir : que je fusse venu(e), que tu fusses venu(e), qu'il fût venu, que nous fussions venu(e)s, que vous fussiez venu(e)s, qu'ils fussent venus

Dictée de phrases 1 *

a) Mon grand-père aurait voulu que j'apprisse le chinois.
b) Bien que nous fussions partis avant la nuit, la route fut périlleuse.
c) Il aurait été préférable que ces deux bandes rivales ne se rencontrassent pas.

Dictée de phrases 2 *

a) Bien qu'ils eussent hâté le pas, les écoliers arrivèrent en retard.
b) La mère craignait que ses enfants ne fussent tombés sur le trottoir verglacé.
c) Que tu eusses été présent ce jour-là à nos côtés n'aurait rien changé.

Dictée de phrases 3 **

a) Il était temps que ces enfants allassent à l'école.
b) Il était temps que cet enfant allât à l'école.
c) Il fallut que le convoi stoppât pour reprendre haleine.
d) Afin que le bavard cessât sa conversation, le professeur se tut.

Dictée de phrases 4 **

a) Bien qu'il semblât épuisé, le cycliste poursuivit l'ascension.
b) Nous insistâmes pour que Raphaël vînt avec nous.
c) Le policier avait fait en sorte que le cambrioleur ne pût s'échapper de la pièce.
d) J'avais aidé mon petit frère et j'aurais aimé qu'il réussît son contrôle.
e) Bien qu'elle fût douée en mathématiques, Nina eut du mal à terminer le contrôle.

Dictée de phrases 5 ***

a) Avant même que Paul eût ouvert la porte, tout le monde l'applaudit.
b) Son père exigeait qu'il eût une conduite irréprochable.
c) Il aurait fallu que ses œuvres eussent été admirées de son vivant.
d) Quoiqu'il eût consulté un plan, Maxime se trompa de chemin.
e) Le professeur avait suggéré que Benoît vînt présenter son projet à la classe.
f) Bien qu'il eût passé de nombreuses heures sur ce travail, il n'avait pu le terminer.

L'ACCORD DU PARTICIPE PASSÉ SUIVI D'UN INFINITIF

70

Lorsque le **participe passé employé avec *avoir*** est **suivi d'un infinitif**, il faut regarder si le COD qui précède le participe complète le participe ou l'infinitif.

• Le **COD complète l'infinitif** : pas d'accord du participe.
J'aime bien les histoires **que** j'ai entendu raconter. (*Que*, mis pour *histoires*, est COD du verbe *raconter*.)

• Le **COD précède et complète le participe** : accord du participe avec le COD.
J'aime bien les comédiens **que** j'ai entendus jouer. (*Que*, mis pour *comédiens*, est COD du verbe *ai entendus*.)

• Quand il est **suivi d'un infinitif**, le participe passé du verbe ***faire*** est invariable.
Elle s'est **fait** conseiller par un spécialiste. – Les malfaiteurs se sont **fait** prendre.

Dictée de phrases 1 *

a) Quelle chanson aurais-tu préféré écouter ?
b) C'est une expérience originale que j'aurais bien aimé vivre.
c) Notre professeur a pensé organiser une excursion d'une journée à Londres.

Dictée de phrases 2 *

a) Ta cousine, que j'ai entendue chanter, a une voix magnifique.
b) Tes frères ne sont pas raisonnables : je les ai vus manger d'énormes glaces !
c) Cette championne de ski que j'ai vue descendre la piste hier est très douée !
d) Les coureurs que j'ai regardés s'entraîner sont vraiment très rapides.

Dictée de phrases 3 **

a) Léa est allée porter les devoirs à Jérémy qui est malade.
b) Les bûcherons que j'ai vus travailler se montraient prudents.
c) Les élèves que le surveillant a envoyé chercher attendent le CPE devant son bureau.
d) Marine s'est fait surprendre la main dans le pot de confiture.

Dictée de phrases 4 **

a) Natacha, les arbres que je t'ai vue couper étaient magnifiques.
b) Les trafiquants se sont fait arrêter en montant sur le bateau.
c) J'ai pensé à vous apporter les dessins que j'ai faits cette année.
d) C'est une histoire que j'ai déjà entendu raconter plusieurs fois.
e) Nous avons renversé le pot de peinture et Line a dû engager des frais de nettoyage.

Dictée de phrases 5 ***

a) Les livres que j'ai voulu offrir étaient trop chers pour moi.
b) Marc et Jeanne sont partis acheter des pizzas pour le dîner.
c) Les petits jouent dans une flaque d'eau boueuse et nous les avons laissés faire.
d) Nadège s'est fait prendre au piège de la facilité et elle est passée à côté du sujet.
e) Les artisans que j'ai vus travailler sur ce chantier de restauration sont très minutieux.
f) La maison que j'ai vu restaurer est maintenant terminée : c'est une réussite.

71 AUQUEL, DUQUEL...

Les **pronoms relatifs/interrogatifs composés** (**auquel**, **lequel**, **duquel**...) s'accordent avec le nom ou l'expression qu'ils remplacent.
Le livre **auquel** je pense est drôle. – Les fables **auxquelles** je pense sont drôles. –
Les chaises sur **lesquelles** nous sommes assis sont très usées. –
Les magasins près **desquels** nous habitons sont ouverts le lundi. –
Laquelle de ces deux fables connaissez-vous ? (*une des deux fables*) –
Lesquels de ces livres avez-vous lus ? (*plusieurs livres*)

Dictée de phrases 1 *

a) C'est un sujet original auquel je ne m'attendais pas du tout.
b) Ce sont des projets passionnants auxquels nous croyons beaucoup.
c) Les comédiennes auxquelles je fais allusion sont talentueuses.

Dictée de phrases 2 *

a) Laquelle de ces deux paires de chaussures préfères-tu ?
b) Lesquels d'entre vous peuvent me donner un coup de main ?
c) La pierre sur laquelle tu penses être assis est en fait une fourmilière.
d) Les filles avec lesquelles je me rends en Espagne sont toutes dans ma classe.

Dictée de phrases 3 **

a) Lequel de ces deux pantalons préférez-vous ?
b) Parmi ces revues, lesquelles choisis-tu ?
c) Voici le plongeoir du haut duquel Arthur s'est élancé.
d) Ce n'est pas le livre auquel je pensais, mais vous pouvez le lire aussi.
e) Le public auquel l'orateur s'est adressé était particulièrement attentif.
f) En Irlande, j'ai rencontré des gens très gentils parmi lesquels ton cousin.

Dictée de phrases 4 **

a) La personne à laquelle je voudrais te présenter vient d'arriver.
b) La police a retrouvé les outils avec lesquels le cambrioleur est entré.
c) La compétition pour laquelle nous nous entraînons a lieu dans une semaine.
d) La représentation à laquelle vous allez assister mérite toute votre attention.
e) Tu me dois vingt euros auxquels j'ajoute les cinq euros de ce matin et les intérêts.
f) J'ai ramassé des bourgeons, mais je ne sais pas lesquels seront utilisés en SVT.

Dictée de phrases 5 ***

a) Vous prenez quatre oranges desquelles vous extrayez le jus.
b) Je ne retrouve pas les exercices d'anglais auxquels tu fais allusion.
c) Parmi ces échantillons de roches, lesquels sont d'origine volcanique ?
d) Voici la maison dans laquelle j'ai grandi et à laquelle je continue de penser.
e) Les soucis auxquels Marianne est confrontée l'empêchent de bien se concentrer.
f) La conférence sur l'orientation à laquelle vous allez assister est très intéressante.
g) Les règles d'orthographe auxquelles vous pensez sont de simples règles d'accord.

DU/DÛ/DUS/DUT ; CRU/CRÛ/CRUS/CRUT/CRÛT

72

• Il ne faut pas confondre le déterminant **du**, le participe passé **dû** (*verbe devoir*) et le passé simple **dus/dut** de ce verbe.
J'ai acheté **du** pain. – J'ai **dû** m'absenter. – Le montant **dû** s'élève à dix euros. – Le bus étant bondé, je **dus** laisser ma place à une personne âgée.
Attention ! le participe passé de *devoir* ne prend un accent que pour **dû** (*masculin singulier*).
Voici l'argent **dû** / la somme **due** / les montants **dus**.

• Il ne faut pas confondre le verbe **croître** (= *grandir*) et le verbe **croire**.
La plante a **crû** (*grandi*) très vite. – La plante **crût** très vite. –
J'ai **cru** à ton histoire. – Je **crus** à ton histoire. – Il **crut** s'être trompé.

• L'adjectif qualificatif **cru/crue** ne prend pas d'accent.
Ces légumes **crus** ne sont pas bons ; faites-les cuire.

Dictée de phrases 1 *

a) Tu n'aurais pas dû me parler sur ce ton.
b) « Chose promise, chose due », dit le proverbe.
c) J'apporterai demain, à l'intendance, les vingt euros dus.

Dictée de phrases 2 *

a) Le chien crut apercevoir son maître et se précipita.
b) Nous n'avons pas cru un seul mot de cette histoire.
c) Ces animaux ne mangent pas d'herbe mais de la viande crue.
d) La sonnerie retentit et Guillaume crut qu'il s'agissait de l'alarme.

Dictée de phrases 3 **

a) La somme totale due est de quatre-vingts euros.
b) Saisi de frayeur, Tom dut s'appuyer contre le mur.
c) Ton père a dû ranger ta chambre pour le passage du plombier.
d) Vous avez versé dix euros d'acompte ; le reste dû est de trente euros.

Dictée de phrases 4 **

a) Le haricot magique de Jacques a crû de trois mètres ce matin.
b) « Je vais te manger tout cru », hurla le loup, apercevant l'agneau.
c) À ce moment-là, la grand-mère de Georges Bouillon crût jusqu'aux nuages.
d) Les carottes et les endives se mangent aussi bien crues que cuites.
e) Je ne pensais pas que Marc serait intéressé et je n'ai pas cru utile de le prévenir.

Dictée de phrases 5 ***

a) Les montants dus vous seront intégralement versés le mois prochain.
b) Vous auriez dû me dire que vous alliez au cinéma : je vous aurais accompagnés.
c) Yassine a dû oublier son sac dans le bus une fois de plus !
d) François a bien cru qu'il avait remporté le gros lot ; il a dû être déçu.
e) Je n'avais pas vu tes talons et j'ai cru que tu avais crû de dix centimètres en une nuit !

Dictées de révision des règles 69 à 72

L'orthographe des mots ou noms propres signalés par un astérisque est à indiquer.

Dictée 1 Révision des règles 70 et 72

Dans une curieuse brocante, j'ai trouvé une boule de cristal et je l'ai achetée. Je n'ai pourtant jamais cru à la voyance ! Une fois posée sur mon bureau, la boule a commencé à briller de mille feux. Une flamme a jailli et crû jusqu'au plafond ; terrorisé(e), j'ai dû me reculer vers l'entrée. Les feux ont fini par s'éteindre et dans la boule sont apparus des petits personnages. Je les ai vus transporter de gros livres ; d'autres sont venus proposer leur aide, mais celui qui semblait être le chef les a fait partir en gesticulant ; sur les livres que j'ai vu porter étaient gravés les mots « Destin des hommes ».

Dictée 2 Révision des règles 69 et 71

Guy de Maupassant* rencontra le grand romancier Gustave Flaubert* qui lui prodigua ses conseils. Bien qu'il fût célèbre, Flaubert accepta de conseiller le jeune écrivain. Les romans de Maupassant dans lesquels on reconnaît des scènes inspirées de *Madame Bovary** de Flaubert sont *Bel-Ami** et *Une vie*. Les nouvelles de Maupassant dans lesquelles le réalisme s'associe au fantastique ont aussi obtenu un grand succès. Quoiqu'il fréquentât Zola* qui représentait souvent la misère, Maupassant ne s'attacha, lui, qu'à l'évocation des milieux aisés.

Dictée 3 Révision des règles 69 et 70

Dans les premières années du dix-neuvième siècle, l'épopée napoléonienne prolongea le rêve révolutionnaire. La société était restée figée pendant des siècles et on l'avait soudain vue changer avec l'abolition des privilèges. Puis, les armées se sont levées et les jeunes gens les ont vues suivre l'Empereur. Bien qu'il fût impossible de revenir en arrière, l'année 1815, avec la défaite de Waterloo* et le retour de la monarchie, sembla condamner la jeunesse à une vie sans idéal et à une tristesse qu'on appela « le mal du siècle ».

Dictée 4 Révision des règles 71 et 72

La génération romantique à laquelle appartient Alfred de Musset* voit ses rêves se heurter à une réalité décevante. Ainsi, le jeune écrivain crut égaler Shakespeare*, le dramaturge anglais auquel se référaient les auteurs du début du dix-neuvième siècle, mais il dut **emprunter** de nouvelles voies quand le public siffla sa première pièce. Il décida alors d'écrire un théâtre pour des lecteurs. Ceux auxquels il s'adressa ont dû apprécier ses œuvres puisqu'elles ont fini par être représentées.

Ne pas confondre : faire un **emprunt** (**emprunter** un livre) et une **empreinte** digitale.

Dictée 5 Révision des règles 69 à 72 — Piste 18

Bien que le temps pût sembler menaçant, les jeunes gens avaient décidé de sortir en mer. On les avait vus se préparer la veille et on avait sans doute cru qu'ils partaient loin tant leur chargement était imposant. Et, s'ils avaient finalement renoncé à certaines provisions auxquelles ils avaient pensé, c'était que le petit bateau avait dû s'enfoncer dangereusement sous leur masse ! Les sacs que l'on avait vu rassembler sur le quai ne rentrèrent pas tous. Les jeunes gens se disputèrent et, quand l'orage éclata, on ne regretta pas qu'ils eussent renoncé à leur projet.

Dictées de révision des règles 1 à 72

Dictée 6 Révision des règles 61, 65, 70 et 72

Sans que je les aie appelés, deux petits génies se sont posés sur mon bureau. Stupéfait, je les ai regardés déplacer mes crayons, soulever mes feuilles. J'ai cru que je rêvais et j'ai dû me pincer à plusieurs reprises. Soudain, la main de l'un d'eux a crû jusqu'à atteindre la taille de la mienne et a saisi mon classeur de physique. Puis deux visages se sont approchés de mon oreille et je les ai entendus dire : « Veux-tu que nous triions ce classeur ensemble et que nous fassions les exercices ? »

Dictée 7 Révision des règles 10, 14, 49 et 69

Ah ! que je fusse né dans le temps des tournois et des batailles ! Qu'il m'eût été permis de porter les couleurs de Marianne et de les teindre de mon sang ! Qu'on m'eût donné un rival à combattre, une armée entière à défier ! Que le sacrifice de ma vie eût pu lui être utile ! Je sais agir, mais je ne puis parler. Ma langue ne **sert** point mon cœur, et je mourrai sans m'être fait comprendre, comme un muet dans une prison.

Alfred de Musset, *Les Caprices de Marianne.*

> Ne pas confondre les verbes **serrer** et **servir** : je lui **serre** la main ; je **sers** (*rends service*) tes intérêts ; il se **sert** d'un stylo.

Dictée 8 Révision des règles 12, 67, 69 et 72

L'eau continuait à monter. Il n'y avait plus que cinq marches qui fussent à sec. En se tenant debout près de la porte, Rodolphe touchait de son front la voûte. Brusquement, il se souvint du pistolet qu'il avait sur lui. En tirant sur la serrure... Mais il eut beau chercher. Durant sa chute, le pistolet avait dû tomber. [...] Il songea à tous ceux qu'il avait aimés, secourus, à cette fatale action qu'il n'avait pas encore expiée...

Eugène Sue, *Les Mystères de Paris.*

Dictée 9 Révision des règles 34, 50, 67 et 69

Le chef alla droit à lui, commença par lui donner sur la tête une **tape** si violemment appliquée qu'elle fit sauter la perruque et rendit à la tête de Collin* toute son horreur. Accompagnées de cheveux rouge brique et courts qui leur donnaient un épouvantable caractère de force mêlée de ruse, cette tête et cette face, en harmonie avec le buste, furent intelligemment illuminées comme si les feux de l'enfer les eussent éclairées.

Honoré de Balzac, *Le Père Goriot.*

> Attention aux **consonnes**, simples ou doubles, dans les mots suivants : taper, attraper, frapper.

Dictée 10 Révision des règles 57, 59, 68 et 71

Mais cette main heurte la table de nuit avec une telle force qu'elle la renverse. Le revolver roule par terre, un coup part et va se loger dans le plafond... Cette balle dans le plafond me parut, dès l'abord, devoir être la balle de l'accident... Elle révélait la possibilité de l'accident et arrivait si bien avec mon hypothèse de cauchemar qu'elle fut une des raisons pour lesquelles je commençai à ne plus douter que le crime avait eu lieu *avant* [...].

Gaston Leroux, *Le Mystère de la chambre jaune.*

73 LES AUXILIAIRES

Il ne faut pas confondre :

• ***Avoir*** : **ai** (*au présent de l'indicatif*), **aie/aies/ait** (*au présent du subjonctif*) et le verbe *être* au présent de l'indicatif **es/est**. On peut remplacer **ai** par ***avais***, **es/est** par ***étais/était***, **aie/aies/ait** par ***sache/saches***.
J'**ai** (*avais*) vu. – Il faut que j'**aie** vu (*que je sache*). – Tu **es**/il **est** (*étais/était*) vu.
Eu (*participe passé*), **eus/eut** (*passé simple*), **eût** (*imparfait du subjonctif*).
J'ai **eu** 20/20. – Il travailla et **eut** une bonne note. – Il aurait fallu qu'il **eût** 20/20.

• ***Être*** : **été** et **étais/était**. On peut remplacer **étais/était** par ***serai/seras/sera***.
J'ai **été** invitée à son anniversaire ; j'**étais** (*serai*) contente.

• Pour les deux auxiliaires, on évitera de confondre futur simple et présent du conditionnel (voir leçon 53), futur antérieur et passé du conditionnel.
J'**aurai** (*futur simple*) besoin de toi. – Je **serais** enchanté (*présent du conditionnel*) de vous rencontrer.

Dictée de phrases 1 *

a) Hier, j'ai vu un film très amusant, sorti la semaine dernière.
b) Bien que j'aie un vêtement de pluie, je n'ai pas apprécié cette averse !
c) Il se peut que notre train ait du retard car il neige.

Dictée de phrases 2 *

a) J'ai rencontré le principal ; il est enthousiasmé par notre projet.
b) Ne m'attendez pas car il se pourrait que j'aie un peu de retard.
c) Il serait temps que vous écriviez une histoire qui ait un début et une fin !
d) Que Benoît ait pensé à prendre les billets est très étonnant.

Dictée de phrases 3 **

a) Rien de grave heureusement ; il y a eu plus de peur que de mal !
b) Comme d'habitude, Étienne a eu la meilleure note en histoire.
c) Quand elle eut achevé son petit-déjeuner, Maeva se prépara à partir.
d) Cet acteur a eu un grand succès, mais aujourd'hui il est tombé dans l'oubli.

Dictée de phrases 4 **

a) Quand elle eut fini de relire son devoir, Monica rendit sa copie.
b) Notre équipe a été sélectionnée pour le championnat académique.
c) Quand j'étais petit, j'étais beaucoup plus matinal l'été que l'hiver.
d) J'ai passé l'examen du Conservatoire et j'ai été admis au cours de percussions.

Dictée de phrases 5 ***

a) J'aurais bien aimé assister à ce spectacle !
b) Lorsque j'aurai acheté les billets, je pourrai vous les donner.
c) Avant qu'il eût le temps de comprendre, Marc se retrouva à terre.
d) Je serais si contente si je pouvais faire mon stage chez les pompiers !
e) Il vaut mieux réviser sérieusement bien que tu aies habituellement de bons résultats.

LE PARTICIPE PASSÉ DES VERBES PRONOMINAUX

74

• Pour les **verbes essentiellement pronominaux** : le pronom complément me/te/se... fait partie du verbe et le participe passé s'accorde avec le sujet.
Les oiseaux se sont **enfuis**. (*Qui est-ce qui s'est enfui ? Les oiseaux.*)

• Pour les **autres verbes pronominaux**, le participe passé s'accorde avec le COD si celui-ci est placé avant le verbe.
1. Elle s'est **blessée**. (s', COD de *blesser*, est placé avant le verbe → accord)
2. Ils se sont **parlé**. (se est un COI de *parler* → pas d'accord)
3. Elle s'est **lavé** les mains. (le COD est placé après le verbe → pas d'accord)
4. Ses mains ? Elle se les est **lavées**. (les mis pour *ses mains*, COD de *laver*, est placé avant le verbe → accord)

Dictée de phrases 1 *

a) Pour une fois, Jeanne s'est réveillée de bonne humeur.
b) Les places de ce concert se sont vendues en une heure !
c) Mes cousins se sont retrouvés avec grand plaisir et se sont bien amusés.

Dictée de phrases 2 *

a) Le site n'était pas sécurisé et les internautes se sont méfiés.
b) Les grilles du zoo étaient ouvertes et certains animaux se sont échappés.
c) Quand nous nous sommes regardés, Yves et moi, nous avons éclaté de rire.
d) Pourquoi tes chats se sont-ils ingéniés à déchiqueter mon cahier de maths ?

Dictée de phrases 3 **

a) Au dix-neuvième siècle, différents régimes politiques se sont succédé.
b) Nous nous sommes rendu service mutuellement.
c) Nous nous sommes donné deux jours pour prendre notre décision.
d) Les élèves se sont communiqué la solution de l'exercice.

Dictée de phrases 4 **

a) Pierre et Karim se sont proposés pour faire un exposé.
b) Hier, mon frère et moi nous sommes promenés dans le parc et Pierre nous a vus.
c) Les compliments qu'elles se sont échangés sonnaient faux.
d) Les places qu'ils se sont attribuées sans nous consulter sont les meilleures !
e) Florence est partie en Chine et nous nous sommes écrit pendant plus d'une année.
f) Mathilde n'est pas allée chez le coiffeur : elle s'est coupé les cheveux elle-même.

Dictée de phrases 5 ***

a) En janvier, vous êtes-vous adressé des cartes de vœux ?
b) La famille de Guillaume a vécu au Canada où elle s'est beaucoup plu.
c) Voici les lettres que ces deux écrivains se sont envoyées durant la guerre.
d) Nadia s'est étonnée de ne pas trouver ses camarades et elle les a appelés.
e) Les documentalistes se sont donné la peine de guider nos recherches.
f) Line et Alice se sont parlé ce matin pour la première fois depuis deux mois !

75 QUOIQUE / QUOI QUE ; QUEL(LE)(S) QUE / QUELQUE(S)

• Il ne faut pas confondre **quoique** (**quoiqu'il**, **quoiqu'elle**...) qui signifie ***bien que*** et **quoi que** (**quoi qu'il**, **quoi qu'elle**...).
Il nous accompagnera **quoiqu'il** (*bien qu'il*) soit fatigué. –
Quoi que je fasse, tu me critiques !

• Il ne faut pas confondre **quel que** suivi du verbe *être* et qui a le sens de ***peu importe*** avec le déterminant **quelque** qui s'accorde avec le nom qu'il accompagne.
Quel que soit le jour (*peu importe le jour*), passe me voir. –
Quelle que soit l'heure, passe me voir. (*attention à l'accord de* quel)
Je suis venu avec **quelques** amis. – Depuis **quelque** temps, je me sens fatigué.

Dictée de phrases 1 *

a) Ce violoniste, quoique très jeune, est un virtuose.
b) Quoi que je propose, tu n'es jamais d'accord !
c) Il est hors de question que tu dises quoi que ce soit !

Dictée de phrases 2 *

a) Le principal t'appelle : il a quelque chose à te dire.
b) Quel que soit ton avis, nous allons l'écouter.
c) Pourquoi ne me parles-tu pas depuis quelque temps ?
d) Nous viendrons te voir quel que soit le temps !

Dictée de phrases 3 **

a) Quoi que vous décidiez, vous devez nous prévenir.
b) Quelles que soient tes raisons, ton attitude reste discutable.
c) Mes parents partent en Espagne quelques jours.
d) Victor est très serviable ; vous pouvez lui demander quoi que ce soit.
e) Camille a réussi son contrôle quoiqu'elle ait été longtemps absente.

Dictée de phrases 4 **

a) Pouvez-vous nous donner quelques conseils avant notre départ pour Madrid ?
b) Quelle que soit la destination de votre voyage, je veux bien partir avec vous !
c) Quoi qu'il en soit, la presse a joué un rôle important dans cette affaire.
d) Pensez-vous vraiment que l'on doit atteindre son but quels que soient les moyens ?
e) Je suis en retard parce que j'ai bavardé avec quelques amis en cours de route.
f) Quelque effort que je fasse, je ne comprends rien à cette leçon !

Dictée de phrases 5 ***

a) J'irai jusqu'au bout de ce projet quelles que soient les difficultés.
b) Si tu as besoin de quoi que ce soit, tu ne dois pas hésiter à m'appeler.
c) Quoiqu'on m'ait déconseillé ce film, je vais aller le voir pour juger par moi-même.
d) Quelle que soit la raison de votre retard, vous ne pourrez rentrer dans la salle.
e) Quoi qu'il en soit, je n'aurai pas perdu mon temps en travaillant pour cet examen.
f) J'ai encore dû ranger mon cahier de maths dans quelque endroit invraisemblable !

76 QUELQUEFOIS/QUELQUES FOIS ; À FAIRE/AFFAIRE ; DAVANTAGE/D'AVANTAGE

• On écrit **quelquefois** quand l'adverbe signifie ***parfois*** ; **quelques fois** peut être remplacé par ***deux ou trois fois***.
Je vais **quelquefois** (*parfois*) à la piscine. – Je ne l'ai rencontré que **quelques fois** (*deux ou trois fois*).

• Il ne faut pas confondre **à faire** (*action*) et **affaire**, le nom qui s'accorde.
J'ai des exercices **à faire**. – Ce ne sont pas mes **affaires** ! – Tu auras **affaire** à moi.

• **Davantage** est un adverbe invariable qui signifie ***plus*** ; **avantage** est un nom (*le contraire de :* **inconvénient**) qui peut être précédé de **d'**.
Je lis **davantage** (*plus*) de romans cette année. – Cette solution ne présente pas **d'avantages** (*d'inconvénients*).

Dictée de phrases 1 *

a) Le week-end, je vais quelquefois au cinéma.
b) Pendant les vacances nous sommes allés quelques fois à la patinoire.
c) Quelquefois, je me demande si je ne rêve pas.

Dictée de phrases 2 *

a) Les affaires de l'État concernent tous les citoyens.
b) Mon père a à faire dans le centre-ville ; il peut nous emmener.
c) Laissez-nous tranquilles et mêlez-vous de vos affaires.
d) Faites vos exercices ou vous aurez affaire à moi.

Dictée de phrases 3 **

a) Changer notre itinéraire ne présente pas d'avantage.
b) Voulez-vous davantage d'épinards ?
c) Ce logiciel offre plus d'avantages que d'inconvénients.
d) Le contrôle est difficile : je vous laisserai davantage de temps.

Dictée de phrases 4 **

a) Ne me dérange pas : j'ai beaucoup à faire.
b) Ce roman policier-ci m'a davantage plu que celui-là.
c) Yves tient à gagner de l'argent et il est dur en affaires.
d) La chose à faire en premier, c'est allumer le chauffage !
e) J'ai encore une fois oublié mes affaires de sport dans la salle de maths !

Dictée de phrases 5 ***

a) Allez à l'hôpital : vous aurez davantage affaire à des spécialistes.
b) Quelquefois, nous rencontrons des difficultés sur ce site.
c) Je tiens à faire vingt exercices, voire davantage, avant de sortir.
d) Vous aurez davantage de circulation si vous choisissez de passer par la nationale.
e) Nous sommes peu allés dans le parc cette année, juste quelques fois avec Sabrina.
f) Je vois plus d'avantages à faire de la natation que d'inconvénients.

Dictées de révision des règles 73 à 76

L'orthographe des mots ou noms propres signalés par un astérisque est à indiquer.

Dictée 1 Révision des règles 73 et 76

Bien qu'il n'ait eu ni le temps ni le droit de s'écarter de son chemin habituel, Romain s'engagea dans la ruelle qui menait au château. La silhouette du donjon se détachait sur le gris du ciel et, quand il put davantage distinguer la masse sombre de la bâtisse, il eut un étrange pressentiment qu'il chassa aussitôt car il ne voulait pas avoir affaire aux vieilles superstitions du village. « Je n'ai aucune raison d'avoir peur, se disait-il ; ce château n'est qu'une demeure médiévale inoccupée. »

Dictée 2 Révision des règles 74 et 75

L'adolescence fut pour Caroline une période difficile qui dura quelques années. Quoique ses parents aient su se montrer compréhensifs, elle vécut des moments douloureux, ne sachant quel choix faire ou quelle attitude adopter. Ayant renoncé à la harpe qu'elle avait pourtant longtemps étudiée, elle s'était lancée dans la guitare qu'elle avait ensuite rapidement abandonnée. Quels que soient ses projets, ils semblaient voués à l'échec. Mais la personnalité et la sensibilité qu'elle s'était ainsi forgées faisaient d'elle une amie généreuse et chaleureuse.

Dictée 3 Révision des règles 73 et 74

J'étais présent, hier, sur le stade quand l'accident s'est produit et je sais ce qui s'est passé. Nous avions décidé de jouer au volley et nous nous sommes répartis en deux équipes. Lise courait pour attraper le ballon quand elle a glissé sur le sol humide. Elle a essayé de se relever mais, comme elle n'y arrivait pas, ses amis sont arrivés et l'ont aidée. J'ai vu qu'elle s'était sérieusement entaillé les **genoux**. Elle se les était cognés violemment sur le bitume.

Bijou, **caillou**, **chou**, **genou**, **hibou**, **joujou** et **pou** prennent un **-x** au pluriel. Les autres mots en ***-ou*** prennent un **-s** : des sous, des clous...

Dictée 4 Révision des règles 73 et 75

Quoi qu'on ait pu vous dire pour dénoncer les effets du téléphone portable sur la jeunesse, rappelez-vous que c'est un outil de communication. Qui voudrait que nos jeunes soient repliés sur eux-mêmes ? Voyez comme ils sont habiles ! Quelques gestes du pouce et le message est parti ! Quelle que soit votre opinion, vous ne pouvez nier la dextérité des utilisateurs ! On pourrait même parler de « virtuosité », quoique ce **terme** ne soit pas assez fort !

Ne pas confondre un **terme** et les **thermes** de la station t**h**ermale.

Dictée 5 Révision des règles 73 à 76 Piste 19

Quoiqu'elle se soit inscrite au concours, Marine ne pensait pas avoir ses chances. D'autres travaillaient davantage, étaient plus doués, faisaient de la musique depuis dix ans, quelquefois même plus. Mais elle ne renonçait pas et s'était imposé une discipline rigoureuse. Il fallait qu'elle soit devant son pupitre deux heures par jour au moins, quels que soient les devoirs donnés au collège.

Dictées de révision des règles 1 à 76

Dictée 6 Révision des règles 67, 70, 73 et 76

Après qu'elle a lu *L'Avare* de Molière et avant qu'elle n'ait vu cette comédie représentée, Virginie voyait surtout dans la pièce la satire de l'avarice qu'elle avait étudiée en classe. C'est l'autorité abusive que le metteur en scène a voulu souligner et Virginie s'est montrée davantage sensible à cet aspect de l'œuvre. Avec Harpagon*, on a affaire à un père autoritaire et **égoïste** face à des enfants qui n'ont aucun droit.

Le **tréma** indique qu'il faut prononcer distinctement deux lettres (égoïste, laïc, naïf...) ou considérer qu'une lettre est muette (une douleur aiguë, une situation ambiguë...).

Dictée 7 Révision des règles 44, 47, 74 et 76

On a souvent dit que Molière s'en prenait aux médecins incompétents. Mais on n'a peut-être pas assez noté qu'il s'en prend davantage aux prétentions. Certains se disent savants, précieux ou religieux ; quelquefois, voire souvent, ils ne le sont pas et nous nous sommes trompés sur leur compte et leur avons prêté l'oreille. Les qualités que les prétentieux se sont attribuées ne sont que des illusions que Molière et ses successeurs se sont efforcés de dénoncer dans leurs œuvres.

Dictée 8 Révision des règles 55, 60, 72 et 75

Çà et là, des pics aigus, des aiguilles déliées s'élevant à une hauteur de deux cents pieds ; plus loin, une suite de falaises taillées à pic et revêtues de teintes grisâtres, vastes miroirs qui reflétaient quelques rayons du soleil à demi noyés dans les brumes. [...] Tout était gelé alors, même le bruit.
*Le Nautilus** dut donc s'arrêter dans son aventureuse course au milieu des champs de glace.

Jules Verne, *Vingt Mille Lieues sous les mers.*

Dictée 9 Révision des règles 14, 44, 68 et 74

Son allure, toutes ses paroles, le ton qu'il prenait avec elle, son air de galanterie plus sérieuse, la caresse de son regard semblaient lui répéter chaque jour : « Je vous ai choisie ; vous serez ma femme. » [...]
Elle ne s'était point demandé cependant si elle aimait ce joli prétendant dont elle serait sans doute la femme. Il lui plaisait, elle songeait à lui sans cesse, elle le trouvait beau, spirituel, élégant, elle pensait surtout à ce qu'elle ferait quand il l'aurait épousée.

Guy de Maupassant, *Mont-Oriol.*

Dictée 10 Révision des règles 14, 43, 67 et 75

La répétition était finie. Retirés dans leurs loges, les comédiens se déshabillaient et prenaient leurs habits de ville. Sigognac* en fit autant, mais il garda, s'attendant à quelque assaut, son épée de Matamore*. C'était une bonne vieille lame espagnole, longue comme un jour sans pain, avec une coquille de fer ouvragé qui enveloppait bien le poignet, et qui, maniée par un homme de cœur, pouvait parer des coups et en porter de solides sinon de mortels. [...] Cela suffisait bien pour la valetaille* que le duc avait chargée de sa vengeance.

Théophile Gautier, *Le Capitaine Fracasse.*

77 SUBJONCTIF IMPARFAIT OU PASSÉ SIMPLE

• Le **subjonctif imparfait** se forme à partir du passé simple et leurs formes peuvent être confondues à la 3e personne du singulier.
faire (*passé simple*) : je fis, tu fis, il fit, nous fîmes, vous fîtes, ils firent ;
faire (*imparfait du subjonctif*) : que je fisse, que tu fisses, qu'il fît, que nous fissions, que vous fissiez, qu'ils fissent

• Pour entendre la différence entre l'indicatif et le subjonctif, il faut mettre le verbe au présent.
Il fit (*fait*) alors une déclaration. – Il aurait fallu qu'il fît (*fasse*) une déclaration.

Dictée de phrases 1 *

a) L'entraîneur exigeait que le joueur présentât ses excuses.
b) Je voulais qu'il ne laissât aucune de ses affaires ici.
c) Furieux, l'entraîneur se leva et quitta la salle en claquant la porte.

Dictée de phrases 2 *

a) Le médecin ouvrit la porte de son bureau et accueillit son patient.
b) Il aurait fallu que Tom prît le temps d'examiner les lieux avec attention.
c) Quand il comprit que Dreyfus était innocent, Zola prit ouvertement sa défense.
d) Paul était resté à tourner dans les manèges jusqu'à ce qu'il se sentît mal.

Dictée de phrases 3 **

a) Le chasseur n'attendait pas qu'il fît jour pour quitter sa maison.
b) La promenade quotidienne eut lieu bien qu'il plût.
c) Il ne prit pas la peine d'enfiler son manteau et sortit malgré la pluie.
d) Nous fîmes en sorte que notre chat n'allât plus rendre visite aux voisins.
e) Le policier aux aguets aperçut une silhouette qu'il décida aussitôt de suivre.

Dictée de phrases 4 **

a) Nous aurions bien aimé que rien ne vînt troubler notre repas.
b) C'est en 1885 qu'Émile Zola fit paraître *Germinal*, son roman sur la vie des mineurs.
c) Bien qu'il fût en retard, Jules entra bruyamment dans la salle de cours.
d) Quand l'orage eut cessé, les randonneurs purent enfin quitter le refuge.
e) Le metteur en scène désirait que le comédien répétât encore sa tirade.
f) Lorsque Lina vit ce film, ce fut une révélation et elle entreprit de filmer ses amis.

Dictée de phrases 5 ***

a) Dès qu'elle eut un peu de temps, ma tante se lança dans l'aquarelle.
b) Quoiqu'il ne se passât jamais rien, M. Durant prit la peine de verrouiller sa porte.
c) Bien qu'il fît nuit, on pouvait apercevoir la grille sombre au fond du jardin.
d) Quand Luc découvrit le dinosaure dans son potager, il s'évanouit.
e) Le surveillant lui passa le téléphone pour qu'il prévînt lui-même son père.
f) Le jeune homme, qui parcourut des yeux les gros titres, pâlit brusquement.
g) J'aurais bien aimé que mon chien fût doté de la parole pour me raconter sa vie.

LE PARTICIPE PASSÉ D'UN VERBE IMPERSONNEL

78

• La **construction impersonnelle** n'existe qu'à la 3e personne du singulier avec le pronom **il**. Ce pronom sujet **il** ne représente rien ; il est un pur outil grammatical qui commande la terminaison du verbe. Le verbe peut être accompagné d'un sujet logique avec lequel il ne s'accorde pas.
Il pleut. – **Il** (*sujet grammatical*) reste **deux bonbons** (*sujet logique*) seulement.

• Le **participe passé** des verbes impersonnels est **invariable**.
Il a plu des cordes hier. – La chaleur qu'il a fait était insupportable.

• **Attention !** les constructions avec **il** ne sont pas toujours impersonnelles.
La maquette qu'il (*quelqu'un*) a faite est fragile (*accord avec le COD placé avant le verbe*).

Dictée de phrases 1 *

a) Il ne pousse aucune plante dans ce désert aride.
b) Prenez encore des cerises ! Il en reste plein !
c) Je crois qu'il manque trois morceaux dans ce puzzle.

Dictée de phrases 2 *

a) Aujourd'hui, il tombe des cordes depuis ce matin !
b) Durant cette réunion, il s'est tenu des propos intolérables.
c) Il est arrivé deux nouveaux élèves hier dans ma classe.
d) Il ne se passe pas un jour sans qu'éclate une dispute.

Dictée de phrases 3 **

a) Il est arrivé à Inès une aventure tout à fait étonnante.
b) Paul et Louise ont déménagé en juin et ils nous manquent beaucoup.
c) Nous avons un rendez-vous et il se pourrait que nous soyons un peu en retard.
d) Les plombiers ont téléphoné pour dire qu'ils ne passeraient pas ce matin.

Dictée de phrases 4 **

a) L'année dernière, il a neigé pendant trois semaines ; puis il a plu durant un mois.
b) Il paraîtrait qu'un des comédiens est malade et sera remplacé.
c) L'histoire qu'il nous a racontée est totalement invraisemblable.
d) Durant les vacances, il est tombé des trombes d'eau tous les jours !
e) Autrefois, il a existé des créatures étranges qui ont disparu depuis.
f) Il a préparé une crème aux œufs et il nous l'a servie avec des macarons.

Dictée de phrases 5 ***

a) Il ne vous reste plus que deux jours pour terminer votre rapport de stage.
b) Jamais il ne s'est fait autant de découvertes en si peu de temps.
c) Les jumeaux commencent à marcher ; c'est normal qu'ils tombent souvent.
d) Les orages qu'il y a eu cet été ont dévasté les vignes.
e) Les soins qu'il a fallu dispenser au blessé étaient très délicats.
f) Nous avons regardé des films durant les deux jours de vacances qu'il a plu.

79 LES PARONYMES

Deux **paronymes** sont deux mots qui se prononcent de façon voisine mais n'ont pas le même sens. On évitera de confondre :
– **contacter** et **contracter** ;
J'ai **contacté** mes amis. – Il a **contracté** une étrange maladie.
– **décerner** (*attribuer*) et **discerner** (*voir*) ;
Le prix t'a été **décerné**. – Dans la pénombre je ne **discerne** rien.
– **émerger** et **immerger** ;
Le rocher **émerge** de l'eau. – L'épave est **immergée** à cent mètres de profondeur.
– **éruption** et **irruption** ;
Les **éruptions** volcaniques sont spectaculaires. – Il fait **irruption** dans la pièce.
– **sceptre** et **spectre**.
Le **sceptre** est un signe de pouvoir royal. – Un **spectre** hante ce château.

Dictée de phrases 1 *

a) Notre collège a été contacté par le réalisateur d'un film.
b) Curieusement, ce robot semble avoir contracté une maladie.
c) C'est le maire qui viendra décerner les prix à l'issue de la finale.
d) On ne discernait rien dans le brouillard et les sirènes des navires retentissaient.

Dictée de phrases 2 *

a) L'épave du galion est immergée à cent cinq mètres de profondeur.
b) Nous étions tous à table quand le principal fit irruption dans le réfectoire.
c) Les terres émergées ne représentent pas la moitié de la surface du globe.
d) En raison d'une éruption imminente, la région tout autour du volcan a été évacuée.

Dictée de phrases 3 **

a) Les hommes politiques brandissent le spectre de la crise.
b) La médaille d'or a été décernée à un ancien élève de mon collège !
c) Si nous avons besoin de vous, nous vous contacterons.
d) Mon frère aîné, tenant sa règle comme un sceptre, éclata soudain de rire.

Dictée de phrases 4 **

a) Je le crois hanté par le spectre de son passé.
b) Les daltoniens ne parviennent pas à discerner certaines couleurs.
c) En faisant preuve de discernement, vous réussirez cet exercice.
d) Comme nous avons vu des rats à la cave, nous avons contacté le service d'hygiène.

Dictée de phrases 5 ***

a) L'alliance que ces deux pays avaient contractée a été rompue.
b) Revenants, spectres, fantômes ! Vous ne me faites pas peur !
c) L'évêque marchait en tête de la procession, son sceptre à la main.
d) L'irruption d'un problème qui n'avait pas été prévu nous oblige à fermer la piscine.
e) Le réchauffement climatique provoque la diminution des surfaces émergées.

80 PRÉFIXES ET SUFFIXES

- Il faut faire attention à l'orthographe de certains **préfixes**, notamment ceux d'origine grecque.

– **hémi** (*demi*) : l'**hémi**cycle, un **hémi**sphère, un **hémi**stiche ;
– **hétéro** (*différent*) : **hétéro**gène, **hétéro**sexuel, **hétéro**clite ;
– **homo** (*semblable*) : **homo**gène, **homo**sexuel, **homo**nyme ;
– **hyper** (*intensif*) : **hyper**tension, **hyper**métrope ;
– **hypo** (*en dessous*) : **hypo**tension, **hypo**thèse, **hypo**crisie ;
– **poly** (*plusieurs*) : **poly**valent, **poly**clinique.

- Certains **suffixes** peuvent aussi poser problème.

– **esse** : hardi**esse**, gentill**esse**, maîtr**esse** ;
– **sion/ssion/tion/xion** : éva**sion**, discu**ssion**, ac**tion**, conne**xion** ;
– **ance/ence/escence** : abond**ance**, viol**ence**, adol**escence**.

Dictée de phrases 1 *

a) Les députés ont pris place dans l'hémicycle.
b) L'équateur sépare notre planète en deux hémisphères.
c) Le public rassemblé dans la salle municipale est très hétérogène.

Dictée de phrases 2 *

a) Je dois porter des lunettes car je suis hypermétrope.
b) Est-ce que cette expérience vérifie votre hypothèse de départ ?
c) Les homonymes ont la même prononciation mais pas la même signification.
d) Dis-moi franchement ce que tu penses de mon poème, sans être hypocrite.

Dictée de phrases 3 **

a) L'évasion fiscale est un sujet de discussion dans les débats télévisés.
b) L'adolescence est une période parfois difficile de notre existence.
c) Attention : la conversation ne doit pas tourner à la bagarre !
d) Très généreuse, Nadia s'est lancée avec passion dans l'action humanitaire.

Dictée de phrases 4 **

a) Ce magasin vend des objets bien hétéroclites !
b) Ceux qui entrent dans notre entreprise sont polyvalents.
c) L'hyperbole est le procédé de style de l'exagération.
d) Elle est tombée du tremplin et les pompiers l'ont emmenée à la polyclinique.
e) Mélangez bien les ingrédients afin d'obtenir une pâte homogène.

Dictée de phrases 5 ***

a) Une religion qui célèbre plusieurs dieux est polythéiste.
b) La discussion politique ne doit pas être synonyme de « violence ».
c) L'alexandrin est partagé en deux hémistiches qui comptent six syllabes chacun.
d) Oubliez la paresse ! Lancez-vous sans hésitation dans ce qui vous plaît !
e) As-tu commencé par la vérification des connexions ? Ce fil est débranché !

Dictées de révision des règles 77 à 80

L'orthographe des mots ou noms propres signalés par un astérisque est à indiquer.

Dictée 1 Révision des règles 77 et 78

Tous les jours qu'il avait neigé, les randonneurs étaient restés enfermés dans le refuge. Ils auraient bien voulu qu'une éclaircie leur permît de redescendre dans la vallée. Mais la visibilité était nulle et il était impensable de croire qu'il fût possible de retrouver le chemin. Certains auraient bien pris le risque d'une sortie, mais les anciens savaient les ramener à la raison. Ce fut au matin du cinquième jour que l'embellie qu'ils avaient tant attendue illumina les cimes et leur rendit espoir.

Dictée 2 Révision des règles 79 et 80

Sur la passerelle du *Nautilus**, aux confins de l'hémisphère Nord, les voyageurs découvraient les étendues glacées. Le sous-marin s'était glissé avec hardiesse entre les murailles de glace. La lumière rasante permettait de discerner les moindres anfractuosités de l'iceberg qui émergeait devant eux. La paroi était vertigineuse et ils n'osaient imaginer la profondeur de la glace immergée. Soudain, un craquement d'une violence inouïe déchira le silence.

Dictée 3 Révision des règles 77 et 80

Bien qu'il ne se sentît pas le courage d'affronter le directeur de la pension, Jean savait que cette rencontre était nécessaire pour que l'affaire fût définitivement éclaircie. L'abondance d'indices confirmait ses hypothèses et le directeur devait être mis au courant des agissements de certains pensionnaires. Jean inspira profondément et parcourut les quelques mètres qui le séparaient du bureau de la direction. Il se pourrait qu'on ne le crût pas. Il hésita.

Dictée 4 Révision des règles 78 à 80

À la fin du spectacle, il était resté trois personnes qui discutaient dans le théâtre sans se décider à sortir. Pourtant, le gardien voulait fermer. Il s'approcha et les observa sans aucune discrétion. L'une conversait doucement, avec beaucoup de gentillesse ; mais la pièce de **théâtre** ne parlait-elle pas justement de l'hypocrisie ? On pouvait décerner à la seconde le sceptre des hypocondriaques car les mots *hypertension*, *diabète*, *hypermétropie* émaillaient son discours. Quant à la troisième, il était évident qu'elle désirait rentrer chez elle !

Ne pas oublier l'accent circonflexe sur théâtre, théâtral et théâtralité.

Dictée 5 Révision des règles 77 à 80

Piste 20

Il aurait fallu que le village fût moins immergé dans les superstitions pour qu'un des habitants se permît de penser que les phénomènes étranges qui se produisaient dans le château des Carpathes* eussent une explication **scientifique**. Il se passait des choses curieuses et, sans plus de discussions, on expliqua ces choses bizarres en évoquant des spectres. Personne ne put formuler une hypothèse plus rationnelle.

Le son « **s** » peut être noté par **-sc-** : la **sc**ience, la **sc**ie, **sc**intiller, **sc**inder, une **sc**ène, l'adole**sc**ence, évane**sc**ent, **sc**eptique...

Dictées de révision des règles 1 à 80

Dictée 6 Révision des règles 57, 71, 78 et 79

L'astéroïde sur lequel le vaisseau endommagé venait de se poser était sombre et glacé. Il ne me restait plus que deux moteurs et il me semblait que l'un d'eux donnait des signes de fatigue. Les projecteurs grâce auxquels j'avais pu repérer une piste d'atterrissage convenable éclairaient une surface lisse et brillante de laquelle émergeaient quelques pics acérés. Je discernais, au loin, un massif montagneux imposant. Le paysage que je contemplais était désert : aucune trace de vie. Je m'installai devant ma radio et contactai la base lunaire.

Dictée 7 Révision des règles 50, 53, 72 et 77

Il faut vous fuir, Mademoiselle, je le sens bien : j'aurais dû beaucoup moins attendre, ou plutôt il fallait ne vous voir jamais. Mais que faire aujourd'hui ? [...]
Si je souffre, j'ai du moins la consolation de souffrir seul, et je ne voudrais pas d'un bonheur qui pût coûter au vôtre.
Cependant je vous vois tous les jours ; et je m'aperçois que, sans y songer, vous aggravez innocemment des maux que vous ne pouvez plaindre et que vous devez ignorer.

Jean-Jacques Rousseau, *La Nouvelle Héloïse.*

Dictée 8 Révision des règles 40, 75, 77 et 80

– Il se pourrait qu'il y ait déjà eu de la fumée sans que personne s'en soit aperçu, suggéra Maître Koltz*.
[...] Le phénomène pouvait s'être produit depuis longtemps et avoir échappé même au berger. Quoi qu'il en soit, que le phénomène fût récent ou non, il était indubitable que des êtres humains occupaient actuellement le château des Carpathes*. Or, ce fait constituait un voisinage des plus inquiétants pour les habitants.

Jules Verne, *Le Château des Carpathes.*

Dictée 9 Révision des règles 32, 72, 74 et 77

Ordinairement, qui ne peut aller plus loin en est quitte pour revenir sur ses pas. Mais ici, revenir était aussi impossible qu'avancer, car les passes s'étaient refermées derrière nous, et pour peu que notre appareil demeurât **stationnaire**, il ne tarderait pas à être bloqué. Ce fut même ce qui arriva vers deux heures du soir, et la jeune glace se forma sur ses flancs avec une étonnante rapidité. Je dus avouer que la conduite du capitaine Nemo était plus qu'imprudente.

Jules Verne, *Vingt Mille Lieues sous les mers.*

Les mots formés à partir du suffixe en **-tion** prennent deux **n** :
sta**tion** → statio**nn**aire ; ac**tion** → actio**nn**aire.

Dictée 10 Révision des règles 42, 68, 77 et 80

Dans ces extrémités de la solitude, enfin, personne ne pouvait espérer l'aide du voisin et chacun restait seul avec sa préoccupation. Si l'un d'entre nous, par hasard, essayait de se confier ou de dire quelque chose de son sentiment, la réponse qu'il recevait, quelle qu'elle fût, le blessait la plupart du temps. Il s'apercevait alors que son interlocuteur et lui ne parlaient pas de la même chose. Lui, en effet, s'exprimait du fond de longues journées de rumination et de souffrances et l'image qu'il voulait communiquer avait cuit longtemps au feu de l'attente et de la passion.

Albert Camus, *La Peste*, © Gallimard.

DICTÉES
DU BREVET

Dictées du brevet

[redacted] *ou noms propres signalés par un astérisque est à indiquer.*

[redacted]

[redacted] *an-Louis Étienne touche au but.*

Ça y est, je suis passé ! Enfin... il serait exact, et surtout plus noble, de dire que la banquise vient de m'ouvrir sa porte blanche, pour accéder jusqu'à son centre, le pôle Nord, que les enfants canadiens appellent « le pays du Père Noël », car ils savent bien qu'il y habite. Et moi, en contemplant la blancheur insensée de cet univers fabuleux, je suis tout prêt à croire qu'ils ont raison, que je vais croiser son traîneau au détour d'une crête enneigée, et que nous nous saluerons au passage !

Jean-Louis Étienne, *Le Marcheur du pôle*, © Robert Laffont.

Dictée 2 *

Vers le milieu de l'hiver 1764, les froids furent excessifs et les loups devinrent féroces. Ils attaquaient même des paysans attardés, rôdaient la nuit autour des maisons, hurlaient du coucher du soleil à son lever et dépeuplaient les étables.
Et bientôt une rumeur circula. On parlait d'un loup colossal, au pelage gris, presque blanc, qui avait mangé deux enfants, dévoré le bras d'une femme, étranglé tous les chiens de garde du pays et qui pénétrait sans peur dans les enclos pour venir flairer sous les portes. Tous les habitants affirmaient avoir senti son souffle qui faisait vaciller la flamme des lumières.

Guy de Maupassant, « Le Loup », *Clair de lune.*

Dictée 3 *

Découragé, presque à bout de forces, il résolut, dans son désespoir, de suivre ce sentier jusqu'au bout.
À cent pas de là, il débouchait dans une grande prairie grise, où l'on distinguait de loin en loin des ombres qui devaient être des genévriers* et une bâtisse obscure dans un repli de terrain. Meaulnes* s'en approcha.

Alain-Fournier, *Le Grand Meaulnes.*

Dictée 4 *

L'homme baissa la tête, ramassa le sac qu'il avait déposé à terre, et s'en alla.
Il prit la grande rue. Il marchait devant lui au hasard, rasant de près les maisons, comme un homme humilié et triste. Il ne se retourna pas une seule fois. S'il s'était retourné, il aurait vu l'aubergiste de La Croix-de-Colbas* sur le seuil de sa porte, entouré de tous les voyageurs de son auberge et de tous les passants de la rue, parlant vivement et le désignant du doigt, et, aux regards de défiance et d'effroi du groupe, il aurait deviné qu'avant peu son arrivée serait l'événement de toute la ville.

Victor Hugo, *Les Misérables.*

Dictée 5 *

Dans les villages, on ne lui donnait guère : on le connaissait trop ; on était fatigué de lui depuis quarante ans qu'on le voyait promener, de masure en masure, son corps loqueteux* et difforme sur ses deux pattes de bois. Il ne voulait point s'en aller cependant, parce qu'il ne connaissait pas autre chose sur la Terre que ce coin de pays, ces trois ou quatre hameaux* où il avait traîné sa vie misérable. Il avait mis des frontières à sa mendicité.

Guy de Maupassant, *Contes du jour et de la nuit.*

Dictée 6 *

Il y a sept ou huit ans, un homme nommé Claude Gueux*, pauvre ouvrier, vivait à Paris. Il avait avec lui une fille qui était sa maîtresse et un enfant de cette fille. [...] L'ouvrier était capable, habile, intelligent, fort mal traité par la nature, ne sachant pas lire et sachant penser. Un hiver, l'ouvrage manqua. Pas de feu, ni de pain dans le galetas*. L'homme, la fille et l'enfant eurent froid et faim. L'homme vola. Je ne sais ce qu'il vola, je ne sais où il vola. Ce que je sais, c'est que de ce vol il résulta trois jours de pain et de feu pour la femme et l'enfant et cinq ans de prison pour l'homme.

Victor Hugo, *Claude Gueux.*

Dictée 7 **

En ce moment, les moulins situés sur les chutes de l'Indre* donnaient une voix à cette vallée frémissante, les peupliers se balançaient en riant, pas un nuage au ciel, les oiseaux chantaient, tout y était mélodie. Ne me demandez plus pourquoi j'aime la Touraine*. Je ne l'aime ni comme on aime son berceau, ni comme on aime une oasis dans le désert ; je l'aime comme un artiste aime l'art ; je l'aime moins que je ne vous aime, mais sans la Touraine peut-être ne vivrais-je plus. Sans savoir pourquoi, mes yeux revenaient au point blanc, à la femme qui brillait dans ce vaste jardin.
Je descendis, l'âme émue, au fond de cette corbeille, et vis bientôt un village que la poésie qui surabondait en moi me fit trouver sans pareil.

D'après Honoré de Balzac, *Le Lys dans la vallée.*

Dictée 8 **

Il allait vite le long de l'étroite rivière qui moussait, grognait, bouillonnait et filait dans son lit d'herbes, sous une voûte de saules. Les grosses pierres, arrêtant le cours, avaient autour d'elles un bourrelet d'eau, une sorte de cravate terminée en nœud d'écume. Par places, c'étaient des cascades d'un pied, souvent invisibles, qui faisaient, sous les feuilles, sous les lianes, sous un toit de verdure, un gros bruit colère et doux ; puis plus loin, les berges s'élargissant, on rencontrait un petit lac paisible où nageaient des truites parmi toute cette chevelure verte qui ondoie au fond des ruisseaux calmes.

Guy de Maupassant, *La Petite Roque.*

Dictée 9 **

Or, au moment même où tant de catastrophes s'accomplissaient sur terre et sur mer, un drame, non moins saisissant, se jouait dans les airs bouleversés.
En effet, un ballon, porté comme une boule au sommet d'une trombe et pris dans le mouvement giratoire de la colonne d'air, parcourait l'espace avec une vitesse de quatre-vingt-dix milles* à l'heure, en tournant sur lui-même.
Au-dessous de l'appendice inférieur de ce ballon oscillait une nacelle, qui contenait des passagers, à peine visibles au milieu de ces épaisses vapeurs, mêlées d'eau pulvérisée, qui traînaient jusqu'à la surface de l'Océan.
D'où venait cet aérostat*, véritable jouet de l'effroyable tempête ? De quel point du monde s'était-il élancé ? Il n'avait évidemment pas pu partir pendant l'ouragan. Or, l'ouragan durait depuis cinq jours déjà et ses premiers symptômes s'étaient manifestés le 18 [mars].

Jules Verne, *L'Île mystérieuse.*

L'orthographe des mots ou noms propres signalés par un astérisque est à indiquer.

Dictée 10 **

J'avais pris le chemin du retour sans prêter attention aux foules silencieuses et moroses qui attendaient dans les chaînes d'éventuels acheteurs. Mais je ne pus pas ne pas voir deux taches dorées qui tranchaient vivement au milieu de toutes ces têtes noires : une jeune femme accompagnée d'un adolescent. La peau claire comme lait, les yeux verts comme l'eau, ils secouaient sur leurs épaules une masse de cheveux du métal le plus fin, le plus ensoleillé.
Je suis fort curieux des bizarreries de la nature, je l'ai dit, mais je n'ai de véritable goût que pour ce qui nous vient du Sud. Récemment, des caravanes venues du Nord m'ont apporté de ces fruits hyperboréens*, capables de mûrir sans chaleur ni soleil, qu'on appelle des pommes, des poires, des abricots.

Michel Tournier, *Gaspard, Melchior et Balthazar*, © Gallimard.

Dictée 11 **

Florent* sentit un frisson à fleur de peau ; et il aperçut une femme, sur le seuil de la boutique, dans le soleil. Elle mettait un bonheur de plus, une plénitude solide et heureuse, au milieu de toutes ces gaietés grasses. C'était une belle femme. Elle tenait la largeur de la porte, point trop grasse pourtant, forte de la gorge, dans la maturité de la trentaine. Elle venait de se lever, et déjà ses cheveux, lissés, collés et comme vernis, lui descendaient en petits bandeaux plats sur les tempes. Cela la rendait très propre.

Émile Zola, *Le Ventre de Paris.*

Dictée 12 **

Par le plus beau matin d'août, Phil* et Vinca* décidèrent d'abandonner la table familiale et d'emporter, dans une anse à leur taille, leur déjeuner, leurs maillots de bain, et Lisette. Les années précédentes, ils avaient déjeuné seuls, en explorateurs, dans des creux de falaise ; plaisir usé, plaisir gâté maintenant par l'inquiétude et le scrupule. Mais le plus beau matin rajeunissait jusqu'à ces enfants égarés et qui se tournaient parfois, plaintivement, vers la porte invisible où ils étaient sortis de leur enfance. [...] Vinca fermait la marche, ficelée de sweater* bleu et de culottes blanches, chargée de paniers comme un âne d'Afrique.

Colette, *Le Blé en herbe*, © Flammarion.

Dictée 13 **

Maman racontait en riant qu'il lui était facile de tranquilliser le malade ; il suffisait qu'elle regarde le titre du livre posé sur la table de nuit pour lancer, par exemple : « Il a fait quoi d'Artagnan* depuis hier ? » Et tandis que la lectrice allongée sur le ventre rassemblait ses souvenirs du duel au fleuret ou de cavalcades, de baisers sous la lune et de serments trahis, maman piquait dans le gras de la fesse en criant : « Tous pour un ! » Et elle passait à l'autre lit.
On devinait, rien qu'à voir l'épaisseur du livre, dans quel état d'esprit était le malade. Ceux qui disaient aux visiteurs : « Ce n'est rien, je serai vite à la maison » étalaient sur leur couverture des petits bouquins vite lus, tandis que les malades qui se savaient embarqués pour un plus long voyage tenaient ouverts sur leur ventre de gros livres gonflés de millions de mots qu'ils lisaient avec une infinie lenteur, petite promenade dans un dehors romanesque qui les oxygénait.

D'après Jean-Marie Gourio, *Chut !*, © Julliard.

Dictée 14 **

On peut être un excellent médecin et ne pas avoir une idée claire de la santé et de la maladie. C'est le cas le plus général. Certains croient en avoir assez dit quand ils ont défini la santé par l'absence de souffrance et la vie dans le silence des organes. Or, il existe des douleurs aiguës* – rages de dents, douleurs intercostales* – et cependant insignifiantes, et à l'inverse des affections mortelles et incurables qui progressent sans que rien les signale. La souffrance ne saurait être considérée comme un symptôme sûr et précis, encore moins un critère.

Michel Tournier, *Le Miroir des idées*, © Mercure de France.

Dictée 15 **

La pièce à vivre, c'était la cuisine. Les chambres étaient sombres et humides. Leurs fenêtres regardaient un pan rocheux moussu, où l'eau semblait cascader en permanence. La cuisine était du côté de la rue, éclairée par deux fenêtres sur lesquelles ma grand-mère fixait chaque soir du papier bleu pour le couvre-feu. C'est là que nous passions la plus grande partie de la journée. Même en hiver, il y avait du soleil. Nous n'avions pas besoin de rideaux, parce qu'il n'y avait pas de vis-à-vis. La rue, à cet endroit, c'était la route qui allait vers les montagnes. Il n'y passait pas grand-chose. [...] En me penchant, je pouvais apercevoir, par-dessus les champs d'herbes folles, les toits du village et la tour carrée de l'église, avec sa pendule au cadran en chiffres romains. Je ne suis jamais arrivé à lire l'heure, mais il me semble qu'elle devait marquer toujours midi.

Jean-Marie Gustave Le Clézio, *Ourania*, © Éditions Gallimard.

Dictée 16 **

D'innombrables moustiques tourbillonnaient dans l'air brûlant de l'après-midi. À chaque instant, il fallait les écarter d'un geste ; ils décrivaient une courbe affolée et revenaient de suite, impitoyables, inconscients, uniquement anxieux de trouver un pouce carré de peau pour leur piqûre ; à leur musique se mêlait le bourdonnement des terribles mouches noires, et le tout emplissait le bois comme un cri sans fin.

Louis Hémon, *Maria Chapdelaine*.

Dictée 17 **

Le Port

Un port est un séjour charmant pour une âme fatiguée des luttes de la vie. L'ampleur du ciel, l'architecture mobile des nuages, les colorations changeantes de la mer, le scintillement des phares sont un prisme merveilleusement propre à amuser les yeux sans jamais les lasser. Les formes élancées des navires [...] servent à entretenir dans l'âme le goût du rythme et de la beauté. Et puis, surtout, il y a une sorte de plaisir mystérieux et aristocratique pour celui qui n'a plus ni curiosité ni ambition, à contempler, couché dans le belvédère ou accoudé sur le môle*, tous ces mouvements de ceux qui partent et de ceux qui reviennent, de ceux qui ont encore la force de vouloir, le désir de voyager ou de s'enrichir.

Charles Baudelaire, *Le Spleen de Paris*.

Dictée 18 **

Ce n'était pas une cité de misère, non. Juste un quartier sans passé, dénué de charme, de fantaisie, d'animation. On l'avait planté là, à la hâte, une vingtaine d'années plus tôt, à la périphérie d'une petite ville elle-même fort assoupie. Un quartier résidentiel en toc, fleurant l'ennui et la fadeur.

Le petit homme chétif, aux cheveux d'un blanc jaune, clairsemés et tombant sur le col élimé d'un pardessus crasseux, affublé* de lunettes dont une branche était rafistolée avec du sparadrap*, était donc passé inaperçu lors de sa première visite au café *La Croix des vents*. Le malheur fut qu'il y revint, jour après jour. Et sa présence se fit indésirable.

Sylvie Germain, « Le Chineur de merveilles », *Pour Sol en Si*, © Éditions Gallimard Jeunesse.

L'orthographe des mots ou noms propres signalés par un astérisque est à indiquer.

Dictée 19 **

– Quand j'étais gosse, j'aimais aller à la ville pour regarder les vitrines. Surtout bien sûr la veille de Noël. Tout ce qu'il y avait dans les vitrines, c'était bien arrangé sur du velours avec des guirlandes et des branchettes de sapin. Et puis la vitre, ça interdit, ça empêche de toucher. Quand on entrait dans le magasin et quand on se faisait montrer quelque chose qu'on sortait de la vitrine, tout de suite, c'était moins bien. Ça avait perdu son charme, si tu vois ce que je veux dire. Alors ici avec le pare-brise, eh bien le paysage, il est comme en vitrine. Bien arrangé et impossible à toucher. C'est peut-être pour ça qu'il est plus beau.
– En somme, conclut Gaston, si je comprends bien, l'autoroute, c'est des belles choses, mais pour les yeux seulement. Pas la peine de s'arrêter et de tendre la main.

Michel Tournier, *L'Aire du muguet*, © Gallimard.

Dictée 20 **

Ce jour-là, ils traînaient le long des chemins et leurs pas semblaient alourdis de toute la mélancolie du temps, de la saison et du paysage.
Quelques-uns cependant, les grands, étaient déjà dans la cour de l'école et discutaient avec animation. Le père Simon*, le maître, sa calotte en arrière et ses lunettes sur le front, dominant les yeux, était installé devant la porte qui donnait sur la rue. Il surveillait l'entrée, gourmandait les traînards, et, au fur et à mesure de leur arrivée, les petits garçons, soulevant leur casquette, passaient devant lui, traversaient le couloir et se répandaient dans la cour.

Louis Pergaud, *La Guerre des boutons.*

Dictée 21 **

Mme Loisel* semblait vieille, maintenant. Elle était devenue la femme forte, et dure, et rude, des ménages pauvres. Mal peignée, avec les jupes de travers et les mains rouges, elle parlait haut, lavait à grande eau les planchers. Mais parfois, lorsque son mari était au bureau, elle s'asseyait auprès de la fenêtre et elle songeait à cette soirée d'autrefois, à ce bal où elle avait été si belle et si fêtée.
Que serait-il arrivé si elle n'avait point perdu cette parure ? Qui sait ? Qui sait ? Comme la vie est singulière, changeante ! Comme il faut peu de chose pour vous perdre ou vous sauver !

Guy de Maupassant, « La Parure », *Contes du jour et de la nuit.*

Dictée 22 **

Puis une clameur s'éleva, où l'on distinguait les voix aiguës* et les sauts de joie des enfants. Et il y eut une rentrée triomphale : Gervaise portait l'oie*, les bras raidis, la face suante, épanouie dans un large rire silencieux ; les femmes marchaient derrière elle, riaient comme elle ; tandis que Nana*, tout au bout, les yeux démesurément ouverts, se haussait pour voir. Quand l'oie fut sur la table, énorme, dorée, ruisselante de jus, on ne l'attaqua pas tout de suite.

Émile Zola, *L'Assommoir.*

Dictée 23 ***

Ce miracle, M. Havard* l'avait attendu jusqu'alors.
Lorsqu'il vit au contraire que l'on s'arrêtait devant son cachot, lorsqu'il comprit qu'on allait ouvrir la porte, il lui apparut brusquement que les miracles n'existaient point, qu'il ne fallait pas les attendre, que sa dernière heure était venue.

La clé tourna dans la serrure.
Lentement les rouages fonctionnaient.
Il fallait peut-être une seconde pour que la porte s'ouvrît ; cette seconde devait durer un siècle pour l'agonisant qu'était M. Havard.
Enfin, très lentement, le battant de la porte s'écartait. M. Havard eut alors l'impression qu'une vive clarté illuminait la pièce.
Depuis qu'il était dans le noir, ses yeux s'étaient dilatés. Il fut ébloui par la lumière, il ne vit pas, il crut qu'il ne voyait pas celui qui entrait...
Une voix murmurait simplement :
– Vous êtes bien là ?

Pierre Souvestre et Marcel Allain, *Fantômas*, © Robert Laffont.

Dictée 24 ***

Article 32[1]
Les États reconnaissent le droit de l'enfant d'être protégé contre l'exploitation économique et de n'être astreint à aucun travail comportant des risques ou susceptible de compromettre son éducation ou de nuire à sa santé ou à son développement physique, mental, spirituel, moral ou social.
Article 24[1]
Les États reconnaissent le droit de l'enfant de jouir du meilleur état de santé possible et de bénéficier de services médicaux et de rééducation. Ils s'efforcent de garantir qu'aucun enfant ne soit privé du droit d'avoir accès à ces services.
Article 31[1]
Les États reconnaissent à l'enfant le droit au repos et aux loisirs, de se livrer au jeu et à des activités récréatives propres à son âge, et de participer librement à la vie culturelle et artistique.

Convention internationale des droits de l'enfant.

Dictée 25 ***

Duroy* marmottait toujours :
« Quand on commandera feu, j'élèverai le bras. » Et il pensa qu'un accident de voiture arrangerait tout. Oh ! Si on pouvait verser, quelle chance ! S'il pouvait se casser une jambe !
Mais il aperçut, au bout d'une clairière, une autre voiture arrêtée et quatre messieurs qui piétinaient pour s'échauffer les pieds ; et il fut obligé d'ouvrir la bouche tant sa respiration devenait pénible.
Les témoins descendirent d'abord, puis le médecin et le combattant. Rival* avait pris la boîte aux pistolets et il s'en alla, avec Boisrenard*, vers deux des étrangers qui venaient à eux. Duroy les vit se saluer avec cérémonie puis marcher ensemble dans la clairière en regardant tantôt par terre et tantôt dans les arbres, comme s'ils avaient cherché quelque chose qui aurait pu tomber ou s'envoler. Puis ils comptèrent des pas et enfoncèrent avec grand-peine deux cannes dans le sol gelé. Ils se réunirent ensuite en groupe et ils firent les mouvements du jeu de pile ou face, comme des enfants qui s'amusent.

Guy de Maupassant, *Bel-Ami*.

Dictée 26 ***

La ficelle
Tout le jour il parlait de son aventure, il la contait sur les routes aux gens qui passaient, au cabaret aux gens qui buvaient ; à la sortie de l'église le dimanche suivant, il arrêtait des

1. On écrit ces nombres en chiffres et non en lettres.

inconnus pour la leur dire. Maintenant il était tranquille, et pourtant quelque chose le gênait, sans qu'il sût au juste ce que c'était. On avait l'air de plaisanter en l'écoutant. On ne paraissait pas convaincu. Il lui semblait sentir des propos derrière son dos...
Il dépérissait à vue d'œil.

Guy de Maupassant, *La Ficelle.*

Dictée 27 ***

Vous le voyez, le théâtre de notre petite troupe était assez bien machiné pour l'époque. Il est vrai que la peinture de la décoration eût semblé à des connaisseurs un peu enfantine et sauvage. Les tuiles des toits tiraient l'œil par la vivacité de leurs tons rouges, le feuillage des arbres plantés devant les maisons était du plus beau vert-de-gris, et les parties bleues du ciel étalaient un azur invraisemblable ; mais l'ensemble faisait suffisamment naître l'idée d'une place publique chez des spectateurs de bonne volonté.
Un rang de vingt-quatre chandelles soigneusement mouchées jetait une forte clarté sur cette honnête décoration peu habituée à pareille fête. Cet aspect magnifique fit courir une rumeur de satisfaction parmi l'auditoire.

Théophile Gautier, *Le Capitaine Fracasse.*

Dictée 28 ***

Ils s'emparaient complètement de leur petit-fils, décidant de tout à son propos, comme si j'étais restée une petite fille incapable de s'occuper d'un enfant. Accueillant avec doute les principes d'éducation que je croyais nécessaires : faire la sieste et pas de sucreries. On mangeait tous les quatre à la table contre la fenêtre, l'enfant sur mes genoux. Un beau soir calme, un moment qui ressemblait à un rachat.
Mon ancienne chambre avait conservé la chaleur du jour. Ils avaient installé un petit lit à côté du mien pour le petit bonhomme. Je n'ai pas dormi avant deux heures après avoir essayé de lire. À peine branché, le fil de la lampe a noirci ; avec des étincelles, l'ampoule s'est éteinte. Une lampe en forme de boule posée sur un socle de marbre avec un lapin de cuivre droit, les pattes repliées. Je l'avais trouvée très belle autrefois.

Annie Ernaux, *La Place*, © Gallimard.

Dictée 29 ***

Paris avait glacé en moi cette fièvre de mouvement que j'avais subie à Nohant*. Tout cela ne m'empêchait pas de courir sur les toits au mois de décembre et de passer des soirées entières nu-tête dans le jardin en plein hiver ; car, dans le jardin aussi, nous cherchions le grand secret et nous y descendions par les fenêtres quand les portes étaient fermées. C'est qu'à ces heures-là nous vivions par le cerveau, et je ne m'apercevais plus que j'eusse un corps malade à porter.
Avec tout cela, avec ma figure pâle et mon air transi, dont Isabelle faisait les plus plaisantes caricatures, j'étais gaie intérieurement. Je riais fort peu, mais le rire des autres me réjouissait les oreilles et le cœur.

George Sand, *Histoire de ma vie.*

Dictée 30 ***

Cette brusque apparition et ce départ précipité bouleversaient ces paisibles villageois. L'enfant s'était mis à pleurer. La pièce d'argent que l'étranger lui avait donnée circulait de main en main. Des discussions s'élevaient. L'aubergiste était parmi les plus violents. Il était outré que l'étranger n'ait même point daigné s'arrêter un moment chez lui pour vider un cruchon.

Blaise Cendrars, *L'Or* in *Tout autour d'aujourd'hui*, © Éditions Denoël, 1960, 2001.

TABLEAUX DE CONJUGAISON

CONJUGAISONS DES VERBES

1er GROUPE	2e GROUPE	3e GROUPE
parler	**finir**	**venir**
INDICATIF		
Présent		
je parle	je finis	je viens
tu parles	tu finis	tu viens
il parle	il finit	il vient
ns parlons	ns finissons	ns venons
vs parlez	vs finissez	vs venez
ils parlent	ils finissent	ils viennent
Passé composé		
j' ai parlé	j' ai fini	je suis venu(e)
tu as parlé	tu as fini	tu es venu(e)
il a parlé	il a fini	il est venu
ns avons parlé	ns avons fini	ns sommes venu(e)s
vs avez parlé	vs avez fini	vs êtes venu(e)s
ils ont parlé	ils ont fini	ils sont venus
Imparfait		
je parlais	je finissais	je venais
tu parlais	tu finissais	tu venais
il parlait	il finissait	il venait
ns parlions	ns finissions	ns venions
vs parliez	vs finissiez	vs veniez
ils parlaient	ils finissaient	ils venaient
Plus-que-parfait		
j' avais parlé	j' avais fini	j' étais venu(e)
tu avais parlé	tu avais fini	tu étais venu(e)
il avait parlé	il avait fini	il était venu
ns avions parlé	ns avions fini	ns étions venu(e)s
vs aviez parlé	vs aviez fini	vs étiez venu(e)s
ils avaient parlé	ils avaient fini	ils étaient venus
Passé simple		
je parlai	je finis	je vins
tu parlas	tu finis	tu vins
il parla	il finit	il vint
ns parlâmes	ns finîmes	ns vînmes
vs parlâtes	vs finîtes	vs vîntes
ils parlèrent	ils finirent	ils vinrent
Passé antérieur		
j' eus parlé	j' eus fini	je fus venu(e)
tu eus parlé	tu eus fini	tu fus venu(e)
il eut parlé	il eut fini	il fut venu
ns eûmes parlé	ns eûmes fini	ns fûmes venu(e)s
vs eûtes parlé	vs eûtes fini	vs fûtes venu(e)s
ils eurent parlé	ils eurent fini	ils furent venus

3e GROUPE		
prendre	**vouloir**	**offrir**
INDICATIF		
Présent		
je prends tu prends il prend ns prenons vs prenez ils prennent	je veux tu veux il veut ns voulons vs voulez ils veulent	j' offre tu offres il offre ns offrons vs offrez ils offrent
Passé composé		
j' ai pris tu as pris il a pris ns avons pris vs avez pris ils ont pris	j' ai voulu tu as voulu il a voulu ns avons voulu vs avez voulu ils ont voulu	j' ai offert tu as offert il a offert ns avons offert vs avez offert ils ont offert
Imparfait		
je prenais tu prenais il prenait ns prenions vs preniez ils prenaient	je voulais tu voulais il voulait ns voulions vs vouliez ils voulaient	j' offrais tu offrais il offrait ns offrions vs offriez ils offraient
Plus-que-parfait		
j' avais pris tu avais pris il avait pris ns avions pris vs aviez pris ils avaient pris	j' avais voulu tu avais voulu il avait voulu ns avions voulu vs aviez voulu ils avaient voulu	j' avais offert tu avais offert il avait offert ns avions offert vs aviez offert ils avaient offert
Passé simple		
je pris tu pris il prit ns prîmes vs prîtes ils prirent	je voulus tu voulus il voulut ns voulûmes vs voulûtes ils voulurent	j' offris tu offris il offrit ns offrîmes vs offrîtes ils offrirent
Passé antérieur		
j' eus pris tu eus pris il eut pris ns eûmes pris vs eûtes pris ils eurent pris	j' eus voulu tu eus voulu il eut voulu ns eûmes voulu vs eûtes voulu ils eurent voulu	j' eus offert tu eus offert il eut offert ns eûmes offert vs eûtes offert ils eurent offert

CONJUGAISONS DES VERBES

1er GROUPE	2e GROUPE	3e GROUPE
parler	finir	venir
INDICATIF		
Futur		
je parlerai tu parleras il parlera ns parlerons vs parlerez ils parleront	je finirai tu finiras il finira ns finirons vs finirez ils finiront	je viendrai tu viendras il viendra ns viendrons vs viendrez ils viendront
Futur antérieur		
j' aurai parlé tu auras parlé il aura parlé ns aurons parlé vs aurez parlé ils auront parlé	j' aurai fini tu auras fini il aura fini ns aurons fini vs aurez fini ils auront fini	je serai venu(e) tu seras venu(e) il sera venu ns serons venu(e)s vs serez venu(e)s ils seront venus
CONDITIONNEL		
Présent		
je parlerais tu parlerais il parlerait ns parlerions vs parleriez ils parleraient	je finirais tu finirais il finirait ns finirions vs finiriez ils finiraient	je viendrais tu viendrais il viendrait ns viendrions vs viendriez ils viendraient
Passé 1re forme		
j' aurais parlé tu aurais parlé il aurait parlé ns aurions parlé vs auriez parlé ils auraient parlé	j' aurais fini tu aurais fini il aurait fini ns aurions fini vs auriez fini ils auraient fini	je serais venu(e) tu serais venu(e) il serait venu ns serions venu(e)s vs seriez venu(e)s ils seraient venus
Passé 2e forme		
j' eusse parlé tu eusses parlé il eût parlé ns eussions parlé vs eussiez parlé ils eussent parlé	j' eusse fini tu eusses fini il eût fini ns eussions fini vs eussiez fini ils eussent fini	je fusse venu(e) tu fusses venu(e) il fût venu ns fussions venu(e)s vs fussiez venu(e)s ils fussent venus
IMPÉRATIF		
Présent		
parle, parlons, parlez	finis, finissons, finissez	viens, venons, venez
Passé		
aie parlé ayons parlé ayez parlé	aie fini ayons fini ayez fini	sois venu(e) soyons venu(e)s soyez venu(e)s

3e GROUPE		
prendre	vouloir	offrir
INDICATIF		
Futur		
je prendrai tu prendras il prendra ns prendrons vs prendrez ils prendront	je voudrai tu voudras il voudra ns voudrons vs voudrez ils voudront	j' offrirai tu offriras il offrira ns offrirons vs offrirez ils offriront
Futur antérieur		
j' aurai pris tu auras pris il aura pris ns aurons pris vs aurez pris ils auront pris	j' aurai voulu tu auras voulu il aura voulu ns aurons voulu vs aurez voulu ils auront voulu	j' aurai offert tu auras offert il aura offert ns aurons offert vs aurez offert ils auront offert
CONDITIONNEL		
Présent		
je prendrais tu prendrais il prendrait ns prendrions vs prendriez ils prendraient	je voudrais tu voudrais il voudrait ns voudrions vs voudriez ils voudraient	j' offrirais tu offrirais il offrirait ns offririons vs offririez ils offriraient
Passé 1re forme		
j' aurais pris tu aurais pris il aurait pris ns aurions pris vs auriez pris ils auraient pris	j' aurais voulu tu aurais voulu il aurait voulu ns aurions voulu vs auriez voulu ils auraient voulu	j' aurais offert tu aurais offert il aurait offert ns aurions offert vs auriez offert ils auraient offert
Passé 2e forme		
j' eusse pris tu eusses pris il eût pris ns eussions pris vs eussiez pris ils eussent pris	j' eusse voulu tu eusses voulu il eût voulu ns eussions voulu vs eussiez voulu ils eussent voulu	j' eusse offert tu eusses offert il eût offert ns eussions offert vs eussiez offert ils eussent offert
IMPÉRATIF		
Présent		
prends, prenons, prenez	veux, voulons, voulez *ou* veuille *ou* veuillez	offre, offrons, offrez
Passé		
aie pris ayons pris ayez pris	aie voulu ayons voulu ayez voulu	aie offert ayons offert ayez offert

CONJUGAISONS DES VERBES

1er GROUPE	2e GROUPE	3e GROUPE
parler	**finir**	**venir**
SUBJONCTIF		
Présent		
que je parle que tu parles qu' il parle que ns parlions que vs parliez qu' ils parlent	que je finisse que tu finisses qu' il finisse que ns finissions que vs finissiez qu' ils finissent	que je vienne que tu viennes qu' il vienne que ns venions que vs veniez qu' ils viennent
Imparfait		
que je parlasse que tu parlasses qu' il parlât que ns parlassions que vs parlassiez qu' ils parlassent	que je finisse que tu finisses qu' il finît que ns finissions que vs finissiez qu' ils finissent	que je vinsse que tu vinsses qu' il vînt que ns vinssions que vs vinssiez qu' ils vinssent
Passé		
que j' aie parlé que tu aies parlé qu' il ait parlé que ns ayons parlé que vs ayez parlé qu' ils aient parlé	que j' aie fini que tu aies fini qu' il ait fini que ns ayons fini que vs ayez fini qu' ils aient fini	que je sois venu(e) que tu sois venu(e) qu' il soit venu que ns soyons venu(e)s que vs soyez venu(e)s qu' ils soient venus
Plus-que-parfait		
que j' eusse parlé que tu eusses parlé qu' il eût parlé que ns eussions parlé que vs eussiez parlé qu' ils eussent parlé	que j' eusse fini que tu eusses fini qu' il eût fini que ns eussions fini que vs eussiez fini qu' ils eussent fini	que je fusse venu(e) que tu fusses venu(e) qu' il fût venu que ns fussions venu(e)s que vs fussiez venu(e)s qu' ils fussent venus
INFINITIF		
Présent		
parler	finir	venir
Passé		
avoir parlé	avoir fini	être venu(e)
participe		
Présent		
parlant	finissant	venant
Passé		
parlé(e)	fini(e)	venu(e)
Passé composé		
ayant parlé	ayant fini	étant venu(e)

3e GROUPE		
prendre	**vouloir**	**offrir**
SUBJONCTIF		
Présent		
que je prenne que tu prennes qu' il prenne que ns prenions que vs preniez qu' ils prennent	que je veuille que tu veuilles qu' il veuille que ns voulions que vs vouliez qu' ils veuillent	que j' offre que tu offres qu' il offre que ns offrions que vs offriez qu' ils offrent
Imparfait		
que je prisse que tu prisses qu' il prît que ns prissions que vs prissiez qu' ils prissent	que je voulusse que tu voulusses qu' il voulût que ns voulussions que vs voulussiez qu' ils voulussent	que j' offrisse que tu offrisses qu' il offrît que ns offrissions que vs offrissiez qu' ils offrissent
Passé		
que j' aie pris que tu aies pris qu' il ait pris que ns ayons pris que vs ayez pris qu' ils aient pris	que j' aie voulu que tu aies voulu qu' il ait voulu que ns ayons voulu que vs ayez voulu qu' ils aient voulu	que j' aie offert que tu aies offert qu' il ait offert que ns ayons offert que vs ayez offert qu' ils aient offert
Plus-que-parfait		
que j' eusse pris que tu eusses pris qu' il eût pris que ns eussions pris que vs eussiez pris qu' ils eussent pris	que j' eusse voulu que tu eusses voulu qu' il eût voulu que ns eussions voulu que vs eussiez voulu qu' ils eussent voulu	que j' eusse offert que tu eusses offert qu' il eût offert que ns eussions offert que vs eussiez offert qu' ils eussent offert
INFINITIF		
Présent		
prendre	vouloir	offrir
Passé		
avoir pris	avoir voulu	avoir offert
participe		
Présent		
prenant	voulant	offrant
Passé		
pris(e)	voulu(e)	offert(e)
Passé composé		
ayant pris	ayant voulu	ayant offert

Avoir

INDICATIF		CONDITIONNEL
Présent	**Futur**	**Présent**
j' ai	j' **aurai**	j' **aurais**
tu as	tu auras	tu aurais
il a	il aura	il aurait
ns avons	ns aurons	ns aurions
vs avez	vs aurez	vs auriez
ils ont	ils auront	ils auraient
Passé composé	**Futur antérieur**	**Passé 1re forme**
j' ai eu	j' **aurai eu**	j' **aurais eu**
tu as eu	tu auras eu	tu aurais eu
il a eu	il aura eu	il aurait eu
ns avons eu	ns aurons eu	ns aurions eu
vs avez eu	vs aurez eu	vs auriez eu
ils ont eu	ils auront eu	ils auraient eu
Passé simple	**Passé antérieur**	**Passé 2e forme**
j' eus	j' eus eu	j' eusse eu
tu eus	tu eus eu	tu eusses eu
il **eut**	il **eut eu**	il **eût eu**
ns eûmes	ns eûmes eu	ns eussions eu
vs eûtes	vs eûtes eu	vs eussiez eu
ils eurent	ils eurent eu	ils eussent eu

INDICATIF		INFINITIF
Imparfait	**Plus-que-parfait**	**Présent**
j' avais	j' avais eu	avoir
tu avais	tu avais eu	
il avait	il avait eu	**Passé**
ns avions	ns avions eu	avoir eu
vs aviez	vs aviez eu	
ils avaient	ils avaient eu	

SUBJONCTIF		IMPÉRATIF
Présent	**Imparfait**	**Présent**
que j' **aie**	que j' eusse	aie, ayons, ayez
que tu **aies**	que tu eusses	**Passé**
qu' il **ait**	qu' il **eût**	aie eu,
que ns ayons	que ns eussions	ayons eu, ayez eu
que vs ayez	que vs eussiez	**participe**
qu' ils aient	qu' ils eussent	**Présent**
Passé	**Plus-que-parfait**	ayant
que j' aie eu	que j' eusse eu	**Passé**
que tu aies eu	que tu eusses eu	eu(e)
qu' il ait eu	qu' il **eût eu**	**Passé composé**
que ns ayons eu	que ns eussions eu	ayant eu
que vs ayez eu	que vs eussiez eu	
qu' ils aient eu	qu' ils eussent eu	

DES VERBES IRRÉGULIERS

Être

INDICATIF		CONDITIONNEL
Présent	**Futur**	**Présent**
je suis tu es il est ns sommes vs êtes ils sont	je **serai** tu seras il sera ns serons vs serez ils seront	je **serais** tu serais il serait ns serions vs seriez ils seraient
Passé composé	**Futur antérieur**	**Passé 1re forme**
j' ai été tu as été il a été ns avons été vs avez été ils ont été	j' **aurai** **été** tu auras été il aura été ns aurons été vs aurez été ils auront été	j' **aurais** **été** tu aurais été il aurait été ns aurions été vs auriez été ils auraient été
Passé simple	**Passé antérieur**	**Passé 2e forme**
je fus tu fus il **fut** ns fûmes vs fûtes ils furent	j' eus été tu eus été il **eut** **été** ns eûmes été vs eûtes été ils eurent été	j' eusse été tu eusses été il **eût** **été** ns eussions été vs eussiez été ils eussent été
Imparfait	**Plus-que-parfait**	**INFINITIF** **Présent**
j' étais tu étais il était ns étions vs étiez ils étaient	j' avais été tu avais été il avait été ns avions été vs aviez été ils avaient été	être **Passé** avoir été

SUBJONCTIF		IMPÉRATIF
Présent	**Imparfait**	**Présent**
que je sois que tu sois qu' il soit que ns soyons que vs soyez qu' ils soient	que je fusse que tu fusses qu' il **fût** que ns fussions que vs fussiez qu' ils fussent	sois, soyons, soyez **Passé** aie été, ayons été, ayez été **participe** **Présent**
Passé	**Plus-que-parfait**	étant
que j' aie été que tu aies été qu' il ait été que ns ayons été que vs ayez été qu' ils aient été	que j' eusse été que tu eusses été qu' il **eût** **été** que ns eussions été que vs eussiez été qu' ils eussent été	**Passé** été **Passé composé** ayant été

Aller

INDICATIF Présent	INDICATIF Futur	CONDITIONNEL Présent
je vais	j' **irai**	j' **irais**
tu vas	tu iras	tu irais
il va	il ira	il irait
ns allons	ns irons	ns irions
vs allez	vs irez	vs iriez
ils vont	ils iront	ils iraient

Passé composé	Futur antérieur	Passé 1re forme
je suis allé(e)	je **serai allé(e)**	je **serais allé(e)**
tu es allé(e)	tu seras allé(e)	tu serais allé(e)
il est allé	il sera allé	il serait allé
ns sommes allé(e)s	ns serons allé(e)s	ns serions allé(e)s
vs êtes allé(e)s	vs serez allé(e)s	vs seriez allé(e)s
ils sont allés	ils seront allés	ils seraient allés

Passé simple	Passé antérieur	Passé 2e forme
j' **allai**	je fus allé(e)	je fusse allé(e)
tu allas	tu fus allé(e)	tu fusses allé(e)
il **alla**	il **fut allé**	il **fût allé**
ns allâmes	ns fûmes allé(e)s	ns fussions allé(e)s
vs allâtes	vs fûtes allé(e)s	vs fussiez allé(e)s
ils allèrent	ils furent allés	ils fussent allés

Imparfait	Plus-que-parfait
j' **allais**	j' étais allé(e)
tu allais	tu étais allé(e)
il allait	il était allé
ns allions	ns étions allé(e)s
vs alliez	vs étiez allé(e)s
ils allaient	ils étaient allés

INFINITIF

Présent	Passé
aller	être allé(e)

SUBJONCTIF

Présent	Imparfait
que j' aille	que j' allasse
que tu ailles	que tu allasses
qu' il aille	qu' il **allât**
que ns allions	que ns allassions
que vs alliez	que vs allassiez
qu' ils aillent	qu' ils allassent

Passé	Plus-que-parfait
que je sois allé(e)	que je fusse allé(e)
que tu sois allé(e)	que tu fusses allé(e)
qu' il soit allé	qu' il **fût allé**
que ns soyons allé(e)s	que ns fussions allé(e)s
que vs soyez allé(e)s	que vs fussiez allé(e)s
qu' ils soient allés	qu' ils fussent allés

IMPÉRATIF

Présent	Passé
va, allons, allez	sois allé(e), soyons allé(e)s, soyez allé(e)s

participe

Présent	Passé	Passé composé
allant	allé(e)	étant allé(e)

DES VERBES IRRÉGULIERS

Faire

INDICATIF		CONDITIONNEL
Présent	**Futur**	**Présent**
je fais tu fais il fait ns faisons vs **faites** ils font	je **ferai** tu feras il fera ns ferons vs ferez ils feront	je **ferais** tu ferais il ferait ns ferions vs feriez ils feraient
Passé composé	**Futur antérieur**	**Passé 1re forme**
j' ai fait tu as fait il a fait ns avons fait vs avez fait ils ont fait	j' **aurai fait** tu auras fait il aura fait ns aurons fait vs aurez fait ils auront fait	j' **aurais fait** tu aurais fait il aurait fait ns aurions fait vs auriez fait ils auraient fait
Passé simple	**Passé antérieur**	**Passé 2e forme**
je fis tu fis il **fit** ns fîmes vs fîtes ils firent	j' eus fait tu eus fait il **eut fait** ns eûmes fait vs eûtes fait ils eurent fait	j' eusse fait tu eusses fait il **eût fait** ns eussions fait vs eussiez fait ils eussent fait
Imparfait	**Plus-que-parfait**	**INFINITIF**
		Présent
je faisais tu faisais il faisait ns faisions vs faisiez ils faisaient	j' avais fait tu avais fait il avait fait ns avions fait vs aviez fait ils avaient fait	faire **Passé** avoir fait

SUBJONCTIF		IMPÉRATIF
Présent	**Imparfait**	**Présent**
que je fasse que tu fasses qu' il fasse que ns fassions que vs fassiez qu' ils fassent	que je fisse que tu fisses qu' il **fît** que ns fissions que vs fissiez qu' ils fissent	fais, faisons, **faites** **Passé** aie fait, ayons fait, ayez fait
Passé	**Plus-que-parfait**	**participe**
		Présent
que j' aie fait que tu aies fait qu' il ait fait que ns ayons fait que vs ayez fait qu' ils aient fait	que j' eusse fait que tu eusses fait qu' il **eût fait** que ns eussions fait que vs eussiez fait qu' ils eussent fait	faisant **Passé** fait(e) **Passé composé** ayant fait

Dire

INDICATIF

Présent

je	dis
tu	dis
il	dit
ns	disons
vs	**dites**
ils	disent

Futur

je	**dirai**
tu	diras
il	dira
ns	dirons
vs	direz
ils	diront

Passé composé

j'	ai	dit
tu	as	dit
il	a	dit
ns	avons	dit
vs	avez	dit
ils	ont	dit

Futur antérieur

j'	**aurai**	**dit**
tu	auras	dit
il	aura	dit
ns	aurons	dit
vs	aurez	dit
ils	auront	dit

Passé simple

je	dis
tu	dis
il	**dit**
ns	dîmes
vs	dîtes
ils	dirent

Passé antérieur

j'	eus	dit
tu	eus	dit
il	**eut**	**dit**
ns	eûmes	dit
vs	eûtes	dit
ils	eurent	dit

Imparfait

je	disais
tu	disais
il	disait
ns	disions
vs	disiez
ils	disaient

Plus-que-parfait

j'	avais	dit
tu	avais	dit
il	avait	dit
ns	avions	dit
vs	aviez	dit
ils	avaient	dit

CONDITIONNEL

Présent

je	**dirais**
tu	dirais
il	dirait
ns	dirions
vs	diriez
ils	diraient

Passé 1re forme

j'	**aurais**	**dit**
tu	aurais	dit
il	aurait	dit
ns	aurions	dit
vs	auriez	dit
ils	auraient	dit

Passé 2e forme

j'	eusse	dit
tu	eusses	dit
il	**eût**	**dit**
ns	eussions	dit
vs	eussiez	dit
ils	eussent	dit

INFINITIF

Présent

dire

Passé

avoir dit

SUBJONCTIF

Présent

que	je	dise
que	tu	dises
qu'	il	dise
que	ns	disions
que	vs	disiez
qu'	ils	disent

Imparfait

que	je	disse
que	tu	disses
qu'	il	**dît**
que	ns	dissions
que	vs	dissiez
qu'	ils	dissent

Passé

que	j'	aie	dit
que	tu	aies	dit
qu'	il	ait	dit
que	ns	ayons	dit
que	vs	ayez	dit
qu'	ils	aient	dit

Plus-que-parfait

que	j'	eusse	dit
que	tu	eusses	dit
qu'	il	**eût**	**dit**
que	ns	eussions	dit
que	vs	eussiez	dit
qu'	ils	eussent	dit

IMPÉRATIF

Présent

dis, disons, **dites**

Passé

aie dit,
ayons dit, ayez dit

participe

Présent

disant

Passé

dit(e)

Passé composé

ayant dit

DES VERBES IRRÉGULIERS

Pouvoir

INDICATIF		CONDITIONNEL
Présent	**Futur**	**Présent**
je peux *ou* je puis tu peux il peut ns pouvons vs pouvez ils peuvent	je **pourrai** tu pourras il pourra ns pourrons vs pourrez ils pourront	je **pourrais** tu pourrais il pourrait ns pourrions vs pourriez ils pourraient
Passé composé	**Futur antérieur**	**Passé 1re forme**
j' ai pu tu as pu il a pu ns avons pu vs avez pu ils ont pu	j' aurai pu tu auras pu il aura pu ns aurons pu vs aurez pu ils auront pu	j' **aurais pu** tu aurais pu il aurait pu ns aurions pu vs auriez pu ils auraient pu
Passé simple	**Passé antérieur**	**Passé 2e forme**
je pus tu pus il **put** ns pûmes vs pûtes ils purent	j' eus pu tu eus pu il **eut pu** ns eûmes pu vs eûtes pu ils eurent pu	j' eusse pu tu eusses pu il **eût pu** ns eussions pu vs eussiez pu ils eussent pu
Imparfait	**Plus-que-parfait**	**INFINITIF**
je pouvais tu pouvais il pouvait ns pouvions vs pouviez ils pouvaient	j' avais pu tu avais pu il avait pu ns avions pu vs aviez pu ils avaient pu	**Présent** pouvoir **Passé** avoir pu
SUBJONCTIF		**IMPÉRATIF**
Présent	**Imparfait**	**Présent**
que je puisse que tu puisses qu' il puisse que ns puissions que vs puissiez qu' ils puissent	que je pusse que tu pusses qu' il **pût** que ns pussions que vs pussiez qu' ils pussent	*inusité* **Passé** *inusité*
Passé	**Plus-que-parfait**	**participe**
que j' aie pu que tu aies pu qu' il ait pu que ns ayons pu que vs ayez pu qu' ils aient pu	que j' eusse pu que tu eusses pu qu' il **eût pu** que ns eussions pu que vs eussiez pu qu' ils eussent pu	**Présent** pouvant **Passé** pu **Passé composé** ayant pu

Devoir

INDICATIF		CONDITIONNEL
Présent	**Futur**	**Présent**
je dois tu dois il doit ns devons vs devez ils doivent	je **devrai** tu devras il devra ns devrons vs devrez ils devront	je **devrais** tu devrais il devrait ns devrions vs devriez ils devraient
Passé composé	**Futur antérieur**	**Passé 1re forme**
j' ai dû tu as dû il a dû ns avons dû vs avez dû ils ont dû	j' **aurai dû** tu auras dû il aura dû ns aurons dû vs aurez dû ils auront dû	j' **aurais dû** tu aurais dû il aurait dû ns aurions dû vs auriez dû ils auraient dû
Passé simple	**Passé antérieur**	**Passé 2e forme**
je dus tu dus il **dut** ns dûmes vs dûtes ils durent	j' eus dû tu eus dû il **eut dû** ns eûmes dû vs eûtes dû ils eurent dû	j' eusse dû tu eusses dû il **eût dû** ns eussions dû vs eussiez dû ils eussent dû
Imparfait	**Plus-que-parfait**	**INFINITIF**
je devais tu devais il devait ns devions vs deviez ils devaient	j' avais dû tu avais dû il avait dû ns avions dû vs aviez dû ils avaient dû	**Présent** devoir **Passé** avoir dû
SUBJONCTIF		**IMPÉRATIF**
Présent	**Imparfait**	**Présent**
que je doive que tu doives qu' il doive que ns devions que vs deviez qu' ils doivent	que je dusse que tu dusses qu' il **dût** que ns dussions que vs dussiez qu' ils dussent	*inusité* **Passé** *inusité*
Passé	**Plus-que-parfait**	**participe**
que j' aie dû que tu aies dû qu' il ait dû que ns ayons dû que vs ayez dû qu' ils aient dû	que j' eusse dû que tu eusses dû qu' il **eût dû** que ns eussions dû que vs eussiez dû qu' ils eussent dû	**Présent** devant **Passé** dû, due **Passé composé** ayant dû

DES VERBES IRRÉGULIERS

Savoir

INDICATIF		CONDITIONNEL
Présent	**Futur**	**Présent**
je sais	je **saurai**	je **saurais**
tu sais	tu sauras	tu saurais
il sait	il saura	il saurait
ns savons	ns saurons	ns saurions
vs savez	vs saurez	vs sauriez
ils savent	ils sauront	ils sauraient
Passé composé	**Futur antérieur**	**Passé 1re forme**
j' ai su	j' **aurai su**	j' **aurais su**
tu as su	tu auras su	tu aurais su
il a su	il aura su	il aurait su
ns avons su	ns aurons su	ns aurions su
vs avez su	vs aurez su	vs auriez su
ils ont su	ils auront su	ils auraient su
Passé simple	**Passé antérieur**	**Passé 2e forme**
je sus	j' eus su	j' eusse su
tu sus	tu eus su	tu eusses su
il **sut**	il **eut su**	il **eût su**
ns sûmes	ns eûmes su	ns eussions su
vs sûtes	vs eûtes su	vs eussiez su
ils surent	ils eurent su	ils eussent su
Imparfait	**Plus-que-parfait**	**INFINITIF**
je savais	j' avais su	**Présent**
tu savais	tu avais su	savoir
il savait	il avait su	
ns savions	ns avions su	**Passé**
vs saviez	vs aviez su	avoir su
ils savaient	ils avaient su	

SUBJONCTIF		IMPÉRATIF
Présent	**Imparfait**	**Présent**
que je sache	que je susse	**sache**, sachons, sachez
que tu saches	que tu susses	**Passé**
qu' il sache	qu' il **sût**	aie su,
que ns sachions	que ns sussions	ayons su, ayez su
que vs sachiez	que vs sussiez	**participe**
qu' ils sachent	qu' ils sussent	**Présent**
Passé	**Plus-que-parfait**	sachant
que j' aie su	que j' eusse su	**Passé**
que tu aies su	que tu eusses su	su(e)
qu' il ait su	qu' il **eût su**	**Passé composé**
que ns ayons su	que ns eussions su	ayant su
que vs ayez su	que vs eussiez su	
qu' ils aient su	qu' ils eussent su	

Valoir

INDICATIF		CONDITIONNEL
Présent	**Futur**	**Présent**
je vaux tu vaux il vaut ns valons vs valez ils valent	je **vaudrai** tu vaudras il vaudra ns vaudrons vs vaudrez ils vaudront	je **vaudrais** tu vaudrais il vaudrait ns vaudrions vs vaudriez ils vaudraient
Passé composé	**Futur antérieur**	**Passé 1re forme**
j' ai valu tu as valu il a valu ns avons valu vs avez valu ils ont valu	j' **aurai valu** tu auras valu il aura valu ns aurons valu vs aurez valu ils auront valu	j' **aurais valu** tu aurais valu il aurait valu ns aurions valu vs auriez valu ils auraient valu
Passé simple	**Passé antérieur**	**Passé 2e forme**
je valus tu valus il **valut** ns valûmes vs valûtes ils valurent	j' eus valu tu eus valu il **eut valu** ns eûmes valu vs eûtes valu ils eurent valu	j' eusse valu tu eusses valu il **eût valu** ns eussions valu vs eussiez valu ils eussent valu
Imparfait	**Plus-que-parfait**	**INFINITIF**
je valais tu valais il valait ns valions vs valiez ils valaient	j' avais valu tu avais valu il avait valu ns avions valu vs aviez valu ils avaient valu	**Présent** valoir **Passé** avoir valu

SUBJONCTIF		IMPÉRATIF
Présent	**Imparfait**	**Présent**
que je vaille que tu vailles qu' il vaille que ns valions que vs valiez qu' ils vaillent	que je valusse que tu valusses qu' il **valût** que ns valussions que vs valussiez qu' ils valussent	vaux, valons, valez **Passé** aie valu, ayons valu, ayez valu
Passé	**Plus-que-parfait**	**participe**
que j' aie valu que tu aies valu qu' il ait valu que ns ayons valu que vs ayez valu qu' ils aient valu	que j' eusse valu que tu eusses valu qu' il **eût valu** que ns eussions valu que vs eussiez valu qu' ils eussent valu	**Présent** valant **Passé** valu(e) **Passé composé** ayant valu

DES VERBES IRRÉGULIERS

Asseoir

INDICATIF

Présent				Futur			
j'	assieds	*ou*	assois	j'	**assiérai**	*ou*	**assoirai**
tu	assieds		assois	tu	assiéras		assoiras
il	assied		assoit	il	assiéra		assoira
ns	asseyons		assoyons	ns	assiérons		assoirons
vs	asseyez		assoyez	vs	assiérez		assoirez
ils	asseyent		assoient	ils	assiéront		assoiront

Passé composé			Futur antérieur		
j'	ai	assis	j'	**aurai**	**assis**
tu	as	assis	tu	auras	assis
il	a	assis	il	aura	assis
ns	avons	assis	ns	aurons	assis
vs	avez	assis	vs	aurez	assis
ils	ont	assis	ils	auront	assis

Passé simple		Passé antérieur		
j'	assis	j'	eus	assis
tu	assis	tu	eus	assis
il	**assit**	il	**eut**	**assis**
ns	assîmes	ns	eûmes	assis
vs	assîtes	vs	eûtes	assis
ils	assirent	ils	eurent	assis

Imparfait				Plus-que-parfait		
j'	asseyais	*ou*	assoyais	j'	avais	assis
tu	asseyais		assoyais	tu	avais	assis
il	asseyait		assoyait	il	avait	assis
ns	asseyions		assoyions	ns	avions	assis
vs	asseyiez		assoyiez	vs	aviez	assis
ils	asseyaient		assoyaient	ils	avaient	assis

CONDITIONNEL

Présent			
j'	**assiérais**	*ou*	**assoirais**
tu	assiérais		assoirais
il	assiérait		assoirait
ns	assiérions		assoirions
vs	assiériez		assoiriez
ils	assiéraient		assoiraient

Passé 1re forme			Passé 2e forme		
j'	**aurais**	**assis**	j'	eusse	assis
tu	aurais	assis	tu	eusses	assis
il	aurait	assis	il	**eût**	**assis**
ns	aurions	assis	ns	eussions	assis
vs	auriez	assis	vs	eussiez	assis
ils	auraient	assis	ils	eussent	assis

INFINITIF

Présent

asseoir

Passé

avoir assis

SUBJONCTIF

Présent					Imparfait		
que	j'	asseye	*ou*	assoie	que	j'	assisse
que	tu	asseyes		assoies	que	tu	assisses
qu'	il	asseye		assoie	qu'	il	**assît**
que	ns	asseyions		assoyions	que	ns	assissions
que	vs	asseyiez		assoyiez	que	vs	assissiez
qu'	ils	asseyent		assoient	qu'	ils	assissent

Passé				Plus-que-parfait			
que	j'	aie	assis	que	j'	eusse	assis
que	tu	aies	assis	que	tu	eusses	assis
qu'	il	ait	assis	qu'	il	**eût**	**assis**
que	ns	ayons	assis	que	ns	eussions	assis
que	vs	ayez	assis	que	vs	eussiez	assis
qu'	ils	aient	assis	qu'	ils	eussent	assis

IMPÉRATIF

Présent

assieds *ou* assois, asseyons *ou* assoyons, asseyez *ou* assoyez

Passé

aie assis, ayons assis, ayez assis

participe

Présent

asseyant *ou* assoyant

Passé

assis(e)

Passé composé

ayant assis

Mettre

INDICATIF		CONDITIONNEL
Présent	**Futur**	**Présent**
je mets	je **mettrai**	je **mettrais**
tu mets	tu mettras	tu mettrais
il met	il mettra	il mettrait
ns mettons	ns mettrons	ns mettrions
vs mettez	vs mettrez	vs mettriez
ils mettent	ils mettront	ils mettraient
Passé composé	**Futur antérieur**	**Passé 1re forme**
j' ai mis	j' **aurai mis**	j' **aurais mis**
tu as mis	tu auras mis	tu aurais mis
il a mis	il aura mis	il aurait mis
ns avons mis	ns aurons mis	ns aurions mis
vs avez mis	vs aurez mis	vs auriez mis
ils ont mis	ils auront mis	ils auraient mis
Passé simple	**Passé antérieur**	**Passé 2e forme**
je mis	j' eus mis	j' eusse mis
tu mis	tu eus mis	tu eusses mis
il **mit**	il **eut mis**	il **eût mis**
ns mîmes	ns eûmes mis	ns eussions mis
vs mîtes	vs eûtes mis	vs eussiez mis
ils mirent	ils eurent mis	ils eussent mis
Imparfait	**Plus-que-parfait**	**INFINITIF**
je mettais	j' avais mis	**Présent**
tu mettais	tu avais mis	mettre
il mettait	il avait mis	**Passé**
ns mettions	ns avions mis	avoir mis
vs mettiez	vs aviez mis	
ils mettaient	ils avaient mis	
SUBJONCTIF		**IMPÉRATIF**
Présent	**Imparfait**	**Présent**
que je mette	que je misse	mets, mettons, mettez
que tu mettes	que tu misses	**Passé**
qu' il mette	qu' il **mît**	aie mis,
que ns mettions	que ns missions	ayons mis, ayez mis
que vs mettiez	que vs missiez	**participe**
qu' ils mettent	qu' ils missent	**Présent**
Passé	**Plus-que-parfait**	mettant
que j' aie mis	que j' eusse mis	**Passé**
que tu aies mis	que tu eusses mis	mis(e)
qu' il ait mis	qu' il **eût mis**	**Passé composé**
que ns ayons mis	que ns eussions mis	ayant mis
que vs ayez mis	que vs eussiez mis	
qu' ils aient mis	qu' ils eussent mis	

DES VERBES IRRÉGULIERS

Craindre

INDICATIF		CONDITIONNEL
Présent	**Futur**	**Présent**
je crains tu crains il craint ns craignons vs craignez ils craignent	je **craindrai** tu craindras il craindra ns craindrons vs craindrez ils craindront	je **craindrais** tu craindrais il craindrait ns craindrions vs craindriez ils craindraient
Passé composé	**Futur antérieur**	**Passé 1re forme**
j' ai craint tu as craint il a craint ns avons craint vs avez craint ils ont craint	j' **aurai craint** tu auras craint il aura craint ns aurons craint vs aurez craint ils auront craint	j' **aurais craint** tu aurais craint il aurait craint ns aurions craint vs auriez craint ils auraient craint
Passé simple	**Passé antérieur**	**Passé 2e forme**
je craignis tu craignis il **craignit** ns craignîmes vs craignîtes ils craignirent	j' eus craint tu eus craint il **eut craint** ns eûmes craint vs eûtes craint ils eurent craint	j' eusse craint tu eusses craint il **eût craint** ns eussions craint vs eussiez craint ils eussent craint
Imparfait	**Plus-que-parfait**	**INFINITIF**
je craignais tu craignais il craignait ns craignions vs craigniez ils craignaient	j' avais craint tu avais craint il avait craint ns avions craint vs aviez craint ils avaient craint	**Présent** craindre **Passé** avoir craint

SUBJONCTIF		IMPÉRATIF
Présent	**Imparfait**	**Présent**
que je craigne que tu craignes qu' il craigne que ns craignions que vs craigniez qu' ils craignent	que je craignisse que tu craignisses qu' il **craignît** que ns craignissions que vs craignissiez qu' ils craignissent	crains, craignons, craignez **Passé** aie craint, ayons craint, ayez craint
Passé	**Plus-que-parfait**	**participe**
que j' aie craint que tu aies craint qu' il ait craint que ns ayons craint que vs ayez craint qu' ils aient craint	que j' eusse craint que tu eusses craint qu' il **eût craint** que ns eussions craint que vs eussiez craint qu' ils eussent craint	**Présent** craignant **Passé** craint(e) **Passé composé** ayant craint

INDEX

Achevé d'imprimer en Espagne par UNIGRAF
Dépôt légal : septembre 2015 - Collection n° 58 - Édition: 03
56/3333/2